„Vielleicht hätte ich Sie doch
gewähren lassen sollen …"

AF282462

© 2025 Martha Fellner

Lektorat: Nadine Weihe

Gestaltung: Heinrich Resing

Coverdesign: Create-360, Immo Kraus

Verlag: BoD · Books on Demand GmbH, Überseering 33,

22297 Hamburg, bod@bod.de

Druck: Libri Plureos GmbH, Friedensallee 273, 22763 Hamburg

ISBN: 978-3-8192-6600-3

„Vielleicht hätte ich Sie doch gewähren lassen sollen …"

Gründe für den Lehrermangel an Grundschulen?

Erlebnisse einer Grundschullehrerin

Martha Fellner

Vorwort

„Vielleicht hätte ich Sie doch gewähren lassen sollen …" war der letzte Satz einer Mutter, bevor ich das Schulsystem verließ. Diese Worte waren der Anstoß für das vorliegende Buch, das ich geschrieben habe.

Eine herausfordernde Zeit lag hinter mir, geprägt von Enttäuschungen und Frustrationen – Erfahrungen, die ich mir in meinen schlimmsten Träumen nicht hätte vorstellen können. Auf den folgenden Seiten habe ich nichts beschönigt; meine erlebten Gefühle sind in meinen Sätzen deutlich spürbar.

Als gut gelaunter Mensch trat ich im Jahr 2003 in das Schulsystem von Nordrhein-Westfalen ein, wohl wissend, dass das Schulleben nicht immer einfach ist. Doch das, was mir hier widerfahren ist, übertraf all meine Erwartungen.

Viele Jahre nach meinem aktiven Schuldienst wollte ich nun herausfinden, warum sich das Schulleben so verändert hat.

1. Wie ich wurde, was ich bin

Ich habe in Bayern Lehramt für die Grundschule studiert – ein Beruf, der schon immer mein Traum war. Als ich schließlich einen Studienplatz erhielt, war ich überglücklich. Die Studienzeit stellte sich als die bewussteste und intensivste Phase meines Lebens heraus.

Die anschließende Referendariats Zeit war jedoch eine große Herausforderung. In Bayern ist die Anspruchsmesslatte sehr hoch, und es war eine intensive Zeit des Lernens und Wachsens. Nach meinem Referendariat unterrichtete ich an einer Grundschule mit angeschlossener Hauptschule, die als Brennpunktschule bekannt war. Viele der Schüler hatten einen Migrationshintergrund, und in jeder Schulstufe gab es Übergangsklassen für Kinder mit geringen Deutschkenntnissen oder sogar ohne diese. Ich unterrichtete sowohl in diesen Übergangsklassen als auch in den regulären Grundschulklassen. Das Unterrichten war in beiden Kontexten nicht einfach, da auch in den „normalen" Klassen viele Schüler aus schwierigen familiären Verhältnissen waren.

Auf dem Pausenhof standen drei Bürocontainer, in denen Sozialarbeiter untergebracht waren, die uns Lehrkräften im Notfall zur Seite standen. Wir konnten sie sowohl in die Klassen holen als auch Kinder und Jugendliche zu ihnen bringen, wenn es nötig war.

Zusätzlich hatten wir das Glück, einen Rektor zu haben, der uns Lehrkräfte stets unterstützte, wo er nur konnte.

Wenn bei der Einschulungsuntersuchung schulische Schwierigkeiten bei einem Kind festgestellt wurden, zogen wir direkt nach der Einschulung Fachleute hinzu und führten gezielte Tests in den entsprechenden Bereichen durch. Zwei Kolleginnen der Schule hatten sich speziell in diesem Bereich fortgebildet. Zeigte sich hierbei ein Förderbedarf, erhielten die

Kinder von der Förderlehrerin eine individuell auf sie abgestimmte Unterstützung.

Für einige Kinder reichte diese Förderung jedoch nicht aus. In diesen Fällen verfassten die Lehrkräfte einen kurzen Bericht über die beobachteten Auffälligkeiten und besprachen diesen mit den Fachkolleginnen und -kollegen der Förderschule. Die Fachkräfte der Förderschule kamen daraufhin in die Grundschule und führten mit den Kindern einen speziell auf die festgestellten Auffälligkeiten abgestimmten Test durch. Sollte sich dabei herausstellen, dass die Grundschule für ein Kind nicht der passende Lernort war, wurde ein Antrag auf Aufnahme in die Förderschule gestellt.

Alle Schritte wurden selbstverständlich im Vorfeld mit den Eltern besprochen. Zu jedem einzelnen Schritt fand ein Gespräch statt, und sämtliche Testergebnisse wurden den Eltern im Anschluss vorgelegt. Gemeinsam suchten wir nach den besten Lösungen für das Kind.

Im Rückblick kann ich feststellen, dass die Eltern unsere Einschätzungen respektierten und unsere Entscheidungen selten infrage stellten. Unsere fachliche Kompetenz und Erfahrung wurden anerkannt, und ich fühlte mich sehr wohl in diesem Schulsystem.

Doch als gebürtige Westfälin zog es mich schließlich zurück in die Heimat – zusammen mit meinem bayerischen Mann, der sich auf das Abenteuer Nordrhein-Westfalen einließ, und meinem damals 22-jährigen Sohn.

Wir kehrten Bayern nach 16 Jahren den Rücken und ich begann meine Arbeit an einer Dorfschule. Der Ort hatte etwa 19.000 Einwohner und fünf kleine Grundschulen.

Meine Erwartungen waren positiv: freundliche, liebe Kinder aus geordneten Verhältnissen, die ihre Schulmaterialien mitbringen und vielleicht sogar ihre Hausaufgaben erledigen.

An besondere Probleme mit den Eltern dachte ich nicht – warum auch? In meinem bisherigen Lehrerleben waren Eltern meist verständige Gesprächspartner gewesen. Doch diese Erwartung sollte sich leider nicht erfüllen.

Vor meinem ersten Schultag bat mich die Rektorin zu einem Gespräch, das sich bald als regelrechte Fragestunde entpuppte. Sie wollte alles über mein bisheriges Leben wissen – warum, weshalb, wieso. Das machte mich schon sehr stutzig. Doch nicht nur mein Leben interessierte sie; auch gezielte Fragen zu meinem Mann und meinem Sohn kamen auf: Ausbildung, Beruf, Einstellung und mehr. Es fühlte sich für mich weniger wie Anteilnahme an, sondern eher wie eine gezielte Untersuchung, als wolle sie nach Schwachstellen suchen. So etwas war mir bisher noch nie passiert.

In Bayern war ich am ersten Tag einfach zur Lehrerkonferenz gegangen und dort in den Stundenplan eingeteilt worden. Niemand fragte nach meinem persönlichen Hintergrund – nur die Fächerkombination und Stundenanzahl interessierten. Das war angenehm, denn wenn man neu in einem Ort ist, möchte man schließlich nicht sofort sein ganzes Leben preisgeben, oder?

Im ersten Jahr an der neuen Schule in Nordrhein-Westfalen wurde ich als „Springer" eingeteilt. Ich sollte im zweiten Jahr eine vierte Klasse übernehmen, da die Kollegin dann in den Ruhestand ging. Als Springer war ich jedoch in fast jeder Stunde in einer anderen Klassenstufe, in einem anderen Raum, mit einem anderen Fach und ständig wechselnden Kindern. Ein „bewegtes Leben" im wahrsten Sinne des Wortes! Ich dachte mir: *Gut, ein Jahr ist absehbar, und so lerne ich viele Kinder kennen.* In diesem Jahr unterrichtete ich Kunst, Musik, Religion und Mathematik sowie Förderunterricht.

Und dann begannen die Probleme.

Sie endeten erst, als ich die Schule nach vier Jahren völlig frustriert verließ und mich an eine andere Grundschule in Nordrhein-Westfalen versetzen ließ. Endlich kehrte der mir vertraute Zustand aus Bayern zurück – mit einem freundlichen Rektor an der Spitze. Doch leider ging dieser in Pension, nachdem ich ein Jahr dort an der Schule gewesen war, und die alten Probleme wie an der ersten Grundschule in Nordrhein-Westfalen kamen erneut zum Vorschein.

Aber zunächst möchte ich schildern, wie alles anfing.

2. Das Schlüsselerlebnis

An der ersten nordrhein-westfälischen Grundschule, an der ich als Lehrerin tätig war, stand eines Tages eine Mutter vor der Tür des Klassenzimmers, aus dem ich gerade herauskam. Sie beschuldigte mich, ihren Sohn während des Unterrichts mit bestimmten Worten beleidigt zu haben. Ich war völlig überrumpelt.

Stellen Sie sich das vor: Sie kommen gerade aus einer Stunde und sind auf dem Weg zur nächsten, mitten im Wechsel der Gedanken von einem Unterricht zum anderen, als plötzlich eine Mutter Sie aufhält. Ohne einen Termin zu vereinbaren oder höflich zu fragen, ob Sie kurz Zeit hätten, überfällt sie Sie mit einem Vorwurf. Der Kopf noch halb bei der vergangenen Stunde oder beim Start der nächsten, wird man abrupt in die Defensive gedrängt, und der Adrenalinspiegel steigt. Was will diese Mutter eigentlich?

Ich wies sie auf die wartenden Kinder hin und schlug vor, das Gespräch nach der Schule fortzusetzen. Doch sie bestand darauf, ihr Anliegen sofort loszuwerden. Rückblickend frage ich mich, wie sie überhaupt wusste, wo ich mich als Springer gerade aufhalten würde. Wurde sie unterstützt? Damals kam ich nicht dazu, darüber nachzudenken, doch inzwischen bin ich mir sicher, dass dies der Fall war – und das leider nicht zum letzten Mal, wie ich enttäuscht feststellen musste.

Also stand ich da im Flur, während Kollegen vorbeiliefen und Kinder lärmten. Einige Klassen wechselten gerade zum Sportunterricht, und mittendrin debattierte ich mit dieser Mutter. Ein paar Tage später kam es zur gleichen Situation mit derselben Mutter. Beim dritten Mal erwischte sie mich direkt nach einer Religionsstunde.

Die Stunde war sehr angenehm gewesen; wir hatten eine Kerzenmeditation gemacht, um zur Ruhe zu kommen und über ein Gebet nachzudenken. Ich war noch ganz entspannt, hielt die warmen Teelichter in der Hand, als wieder dieselbe Mutter vor mir stand – mit einem weiteren Vorwurf.

Dieses Mal ging ich kurzerhand mit ihr direkt ins Büro der Rektorin, riss die Tür auf, legte die Teelichter auf den Tisch und sagte laut und deutlich, dass es nun wirklich genug sei. Ich schilderte die Vorfälle und erwartete Unterstützung von der Rektorin. Doch leider wurde ich enttäuscht. Es wurde lediglich ein Gesprächstermin mit der Mutter vereinbart und später ein weiterer Termin mit mir.

Im Gespräch zu dritt stellte sich heraus, dass die Mutter drei Söhne hatte. Der älteste war bereits durch unsere Schule gegangen und so verhaltensauffällig gewesen, dass er für mehrere Wochen in stationärer Therapie war, da die Eltern allein nicht mehr weiterwussten. Die beiden jüngeren, zweieiigen Zwillinge mit sehr unterschiedlichen Persönlichkeiten, fielen ebenfalls auf: Der eine prügelte sich regelmäßig mit Mitschülern und formte mit anderen eine kleine „Gang". Es wurden Verhaltensverträge mit ihm geschlossen, die jedoch kaum Wirkung zeigten. Der andere Sohn wiederum beschritt einen anderen Weg: Er erzählte der Mutter erfundene Geschichten über Vorfälle in der Schule, die sie dann – wie auch hier – veranlassten, sich bei mir zu beschweren. So stand die Mutter in einem ständigen Verteidigungsmodus.

Dieses Mal hatte ich noch die Kraft, aus der Haut zu fahren. Nach dem Gespräch mit der Rektorin jedoch nicht mehr. Sie machte mir deutlich, dass sie die Anliegen der Eltern sehr ernst nahm. Was bedeutete das? Im Gespräch lief alles darauf hinaus, dass ich als Lehrerin die Bedürfnisse der Eltern bedingungslos zu erfüllen habe – ihre Zufriedenheit war die oberste Priorität.

Ob ich anderer Meinung war oder ihre Wünsche als nicht umsetzbar ansah, spielte keine Rolle. Die Eltern mussten zufriedengestellt werden, ohne Rücksicht auf mögliche Belastungen für das Lehrpersonal oder die Kinder.

Ich sollte erwähnen, dass direkt neben unserer Schule, nur durch den Schulhof getrennt, eine weitere Grundschule lag. Zwischen den beiden Schulen – oder besser gesagt zwischen den beiden Rektorinnen – herrschte ständige Konkurrenz. Die Nachbarschule war ein Altbau, während unsere ein teilweise renovierter, heller und freundlicher Teil-Neubau war. Das wichtigste Ereignis jedes Jahr waren die Schulanmeldungen. Es fühlte sich jedes Mal wie ein Sieg oder eine Niederlage an, wenn unsere Schule eine Klasse mehr oder weniger Anmeldungen verzeichnete. Da wir oft mehr Neuzugänge hatten, sah die Rektorin ihr Vorgehen bestätigt.

Aber wie kommt es dazu, dass Eltern sich über Lehrkräfte beschweren? Welche Gründe könnten dahinterstecken?

Im oben beschriebenen Fall war die Mutter überfordert und suchte die Schuld für ihre Probleme ausschließlich bei anderen, nicht bei sich oder ihren Kindern. In ihren Augen waren die Kinder Opfer der Umstände, die sie ständig versuchte, zu ändern. Doch wie entsteht solch ein Verhalten? Welches „Handwerkszeug" fehlte der Mutter?

Jedes Kind wird auf irgendeine Weise erzogen. Deshalb werde ich nach Ursachen für das Beschwerdeverhalten der Eltern als Erstes bei der Erziehung suchen.

3. Auf der Suche nach Ursachen für das Verhalten der Eltern

3.1 Was bedeutet Erziehung?

 Meines Erachtens ist Erziehung der Weg, ein Kind lebensfähig zu machen. Sie mögen sagen: „Mein Kind ist doch lebensfähig! Es kann allein essen und trinken, sich anziehen, sprechen, laufen, seine Bedürfnisse äußern." Doch für mich bedeutet Lebensfähigkeit vor allem auch Sozialfähigkeit, und das bringt viele Anforderungen mit sich.

Zunächst muss ein Kind begreifen, dass es nicht allein auf der Welt ist – und noch wichtiger, dass es nicht der wichtigste Mensch auf der Erde ist. Viele Eltern sehen das jedoch anders: Für sie ist ihr Kind der wichtigste Mensch. Das gilt natürlich im Leben der Eltern, aber außerhalb dieser familiären Gemeinschaft existieren viele weitere Lebensgemeinschaften. Eine davon ist die Schule. Hier ist das Kind, anders als vielleicht noch im Kindergarten, nur eines von etwa 27 Schülern. Es ist weder das wichtigste noch das einzige Kind.

In der Schule haben alle Kinder Anspruch auf ihren Platz – und doch keiner mehr als die anderen. Hier sind alle gleichwertig. In der Familie mag das Kind sich Gehör verschaffen, indem alle sofort auf seine Worte achten, doch in der Schule muss es sich an allgemeine Regeln halten: Es meldet sich, indem es die Hand hebt, und spricht erst, wenn es dazu aufgefordert wird. Da auch die Eltern einmal zur Schule gegangen sind, kennen sie diese grundlegende Regel und wissen um ihre Bedeutung.

Dennoch ignorieren einige Eltern diese Regeln und fragen empört nach, warum ihr Kind im Unterricht kein Gehör findet. Auch der Hinweis darauf, dass ihr Kind ständig an die Regel erinnert werden muss, jedoch ohne Erfolg, scheint sie nicht zu berühren. Stattdessen müssen die Vorteile dieser Regel lang und breit erläutert werden: Was wäre, wenn bei 27 Kindern alle gleichzeitig sprechen würden?

Selbst der Versuch, eine Verhaltensstrategie für zu Hause mit den Eltern zu vereinbaren, stößt oft auf Widerstand. Das Kind werde zu Hause schließlich richtig erzogen; das Problem bestehe nur in der Schule.

Natürlich kommen diese Mütter oder Väter mit ihren Beschwerden gerne kurz vor Unterrichtsbeginn, in der Pause oder irgendwann dazwischen. Dabei bedenken sie leider nicht, dass nicht nur die Kinder eine Pause brauchen – auch das Lehrpersonal benötigt dringend Erholung. Denn die Arbeit mit den Schülern ist oft sehr fordernd.

Erziehung erfordert Konsequenz. Was genau bedeutet das? Wenn ich in einer bestimmten Situation einmal „Nein" sage, bleibt es bei diesem „Nein" – heute, morgen und auch in einer Woche, selbst wenn das Kind 10-, 15- oder 100-mal nachfragt. Die Antwort bleibt stets die gleiche. Warum? Ich höre immer wieder, ein Kind teste seine Grenzen. Doch welche Grenzen? Soll das Kind nicht so leben dürfen, wie es ihm gefällt, um seine eigenen Erfahrungen zu machen? Natürlich, jeder muss seine Erfahrungen machen – doch es geht darum, dass Kinder die grundlegenden Regeln des Zusammenlebens schon zu Hause lernen. Dann könnten wir in der Schule direkt mit dem Lehrstoff beginnen, ohne vor jeder Stunde erst eine Viertelstunde erzieherische Arbeit leisten zu müssen.

Diese Grundregeln des Zusammenlebens sind jedoch vielen Eltern heute nicht mehr bekannt, da sie sie selbst nie richtig gelernt haben. Ich sage bewusst „nicht mehr", denn die Großeltern der heutigen Eltern beherrschten diese Regeln noch.

Doch leider wurden sie nicht weitergegeben. Die Gründe dafür werde ich später erläutern.

3.2 Die Grundregeln des Zusammenlebens

3.2.1 Respekt im Umgang miteinander

 Eine grundlegende Regel für das Zusammenleben ist der **Respekt** gegenüber anderen Menschen. Doch was genau bedeutet „Respekt"? Wörtlich übersetzt umfasst er Achtung und Anerkennung. Wer Respekt zeigt, drückt damit seine Wertschätzung seinem Gegenüber als eigenständige Person mit eigenem Lebensweg aus – ein Mensch mit eigenen Erfahrungen, Ansichten und Empfindungen, dem man auf Augenhöhe begegnet. Respekt bedeutet also, das Gegenüber als Persönlichkeit anzuerkennen.

Leider erleben Lehrkräfte häufig, dass einige Eltern ihnen diesen Respekt nicht entgegenbringen. Und so überrascht es nicht, dass Eltern, die in ihrer eigenen Erziehung den Wert von Respekt nicht erfahren haben, ihren Kindern ebenfalls kein respektvolles Verhalten gegenüber Lehrkräften vermitteln können.

Anders lässt es sich kaum erklären, dass einige Eltern einen angemessenen Umgangston gegenüber Lehrkräften völlig vermissen lassen. Sie behandeln die Lehrkraft nicht wie eine gleichberechtigte Person, sondern herabsetzend – als wüssten sie als Eltern stets besser, was ihrem Kind guttut. Dieser herablassende Ton trägt zu einer aggressiven Atmosphäre bei. Wie kann ein Kind Respekt vor der Lehrkraft entwickeln, wenn es zu Hause erlebt, wie Eltern die Lehrkraft beschimpfen oder sich in ihrem Beisein beschweren – ohne dass ihnen von der Schulleitung Einhalt geboten wird? Dieser Eindruck prägt das Kind nachhaltig und ist kaum zu korrigieren. Aussagen wie „Du hast mir gar nichts zu sagen! Mama sagt auch, dass dieses Fach sch… ist!" sind die Folgen.

Wenn Eltern in Anwesenheit des Kindes derartige Äußerungen tätigen, verliert das Kind das Interesse am Unterricht, schließlich hat es ja von den eigenen Eltern – den wichtigsten Personen in seinem Leben – gehört, dass deren Meinung Vorrang hat. Kinder orientieren sich an den Einstellungen der Eltern und übernehmen deren Werturteile. Wenn Eltern die Hausaufgaben als wichtig erachten, nachfragen und diese kontrollieren, werden auch dem Kind die Hausaufgaben wichtiger sein. Doch fehlt diese elterliche Unterstützung, werden die Anweisungen der Lehrkraft bezüglich Verhalten und Pflichten ignoriert – ein Teufelskreis entsteht.

Im Laufe seiner frühen Jahre hat das Kind gelernt: „Wenn ich nur frech genug bin, bekomme ich meinen Willen." Kinder lernen einen Großteil durch Nachahmung und üben dies zuerst bei den eigenen Eltern. Zunächst empfinden die Eltern ein selbstbewusstes Auftreten des Kindes vielleicht als witzig oder sogar als Grund zum Stolz: „Oh, mein Kind kann sich behaupten!" Dabei erkennen sie oft nicht, dass das Verhalten des Kindes sich bereits in die falsche Richtung entwickelt.

Erst später, wenn sie das Verhalten als störend empfinden, reagieren Eltern zunehmend frustriert. Manche resignieren schließlich und überlassen das Kind sich selbst. Denn nachzugeben ist oft der einfachste Weg, Erziehung zu vermeiden.

Dieses „Gewährenlassen" wird dann positiv verpackt, als würden die Eltern das Kind bewusst seine eigenen Erfahrungen machen lassen. So können sie nach außen hin erklären, dass sie ihrem Kind Freiraum zur Entfaltung geben. Und vor sich selbst rechtfertigen sie, dass ihr Ansatz richtig sei – ohne zu hinterfragen, ob das Kind durch diese „Entfaltung" auch das Rüstzeug für ein selbstständiges und verantwortungsvolles Leben erhält.

Damit zurück zur Frage des Respekts. Respekt bedeutet nicht, Angst zu haben. Er umfasst vielmehr die Achtung vor jedem anderen Menschen, sei es ein anderes Kind, ältere Menschen wie die Großeltern, der Busfahrer – und nicht zuletzt auch Tiere, und seien diese noch so klein. Respekt bedeutet, andere Lebewesen als gleichwertig neben sich selbst wahrzunehmen. Ohne Respekt und Achtung fehlt dieses Bewusstsein komplett.

Eltern können oft nicht nachvollziehen, warum ihr Kind Probleme hat, mit anderen Kindern zurechtzukommen. Doch hier fehlt dem Kind das Bewusstsein, dass andere Lebewesen ihm gleichwertig sind. Dieses Bewusstsein kann ein kleines Kind jedoch nicht allein entwickeln. Für ein Kleinkind steht es selbst im Mittelpunkt der Welt, und der Prozess, sich in andere hineinzuversetzen, ist langwierig – ein Prozess, den leider auch viele Erwachsene nicht vollständig durchlaufen haben.

Hier stehen die Eltern in der Verantwortung, ihrem Kind früh und bei passenden Gelegenheiten zu vermitteln, dass alle Menschen gleichwertige Lebewesen sind. Wenn Eltern diesen Schritt versäumen, lernt das Kind erst durch schmerzliche Erfahrungen, dass es nicht über allen anderen steht. Solange das Kind die Auffassung beibehält, dass seine Bedürfnisse immer zuerst erfüllt werden müssen, kommt es unweigerlich zu Konflikten – besonders, wenn auch andere Kinder ähnlich erzogen wurden und ebenfalls ihre Ansprüche durchsetzen wollen.

Im häuslichen Umfeld hat das Kind vielleicht erfahren, dass lautes Fordern genügt, um seinen Willen durchzusetzen. Vielleicht haben die Eltern bereits kapituliert und reagieren sofort, um Ruhe zu haben. Diese Erwartungshaltung überträgt das Kind jedoch auch auf andere Lebensbereiche und ist dann überrascht, wenn es bei Gleichaltrigen auf Widerstand stößt. Auseinandersetzungen, im schlimmsten Fall Schlägereien oder beleidigende Wortwechsel, sind die Folge.

Eltern sollten ihrem Kind zudem vermitteln, dass andere Menschen womöglich andere Bedürfnisse, Ansichten oder Meinungen haben. Dies wird jedoch oft übersehen, vielleicht unbewusst, mit dem Gedanken: „Mein Kind ist das Wichtigste auf der Welt." Diese Haltung führt dazu, dass das Kind lernt, sich ohne Rücksicht durchzusetzen, als sei die eigene Meinung die einzig richtige. Es versteht nicht, dass etwa das Ärgern anderer Kinder diesen nicht ebenfalls Freude bereitet.

Ohne Einfühlungsvermögen fehlt dem Kind die Fähigkeit, zu verstehen, wie sein Verhalten auf andere wirkt. Ein Gewissen, das als moralische Orientierung dienen könnte, wird weder entwickelt noch angeregt.

3.2.2 Das Erlernen von Umgangsformen

Eine weitere Grundregel ist das Erlernen von Umgangsformen. Natürlich sind diese bei der Einschulung noch nicht perfekt ausgeprägt, weshalb ich von dem „Erlernen" der Umgangsformen spreche.

Dennoch sollten sie bereits angebahnt sein. Man erkennt sofort, ob bei einem Kind dieser Prozess in Gang gesetzt wurde oder nicht.

Gute Umgangsformen werden allgemein geschätzt, da sie das Zusammenleben wesentlich erleichtern, vielleicht sogar erst ermöglichen. Umgangsformen können nur weitergegeben werden, wenn sie selbst erlernt wurden und der Nutzen im eigenen Leben erkannt und geschätzt wurde.

Unsere Eltern – also die Großeltern der heutigen Schulkinder – legten großen Wert auf Umgangsformen, und sie wurden konsequent eingehalten. Konsequent! Für ein Kind mögen Umgangsformen zunächst lästig und schwer nachvollziehbar sein; das war in der Vergangenheit nicht anders. Doch wenn Umgangsformen von klein auf vorgelebt werden, kennt das Kind es nicht anders und übernimmt diese automatisch. Für ein Kind, dem diese Regeln vertraut sind, werden sie selbstverständlich, und es wird die Missachtung solcher Regeln durch andere eher befremdlich finden.

Umgangsformen bieten ein unsichtbares Gerüst für das Miteinander – eine stabile Konstruktion, die im täglichen Verhalten zum Vorschein kommt. Noch vor einigen Jahren war das den meisten Menschen bewusst. Jetzt erleben wir jedoch eine Veränderung. Viele Menschen spüren, dass etwas nicht harmonisch ist, dass im Umgang miteinander etwas nicht mehr so „rund" läuft. Sie bemerken eine wachsende Unsicherheit in sozialen Interaktionen, und diese Unsicherheit führt nicht selten zu Aggressivität.

Könnte das ein Grund sein, warum manche Eltern heute so aggressiv auftreten? Sind sie vielleicht unsicher und lassen dies an der Lehrkraft aus? Und wie ist das mit der zunehmenden Gewaltbereitschaft, den Amokläufen?

Während meiner Schulzeit kann ich mich an solche Vorfälle nicht erinnern. Warum gibt es sie heute?

Vielleicht fehlt den Jugendlichen eine klare Orientierung – eine Linie, die ihnen einen Weg aufzeigt, den sie verfolgen könnten. Unsichere Eltern, die bereits resigniert haben und wahllos unterschiedliche Wege einschlagen, ohne einen davon konsequent zu verfolgen, können auch ihren Kindern keine Sicherheit bieten. Kinder, die ohne dieses Gerüst aufwachsen, entwickeln oft keine eigene Stabilität und reagieren gereizt, sind häufig schlecht gelaunt und unzufrieden. Diese Unzufriedenheit kann zu Aggressivität führen, was die Eltern dazu verleitet, Konflikten aus dem Weg zu gehen und den Kindern schließlich alles zu gewähren, nur um Ruhe zu haben. So wird das laute Fordern, Toben oder sogar das Schlagen der eigenen Eltern nicht hinterfragt, sondern erstaunt passiv geduldet. Sie denken: „Was ist passiert? Ich verstehe mein eigenes Kind nicht mehr. Ich habe doch alles für es getan."

3.2.2.1 Erste Umgangsform: Das Grüßen

Eine grundlegende Umgangsform ist das Grüßen. Doch oft kommt ein Kind morgens in die Klasse, sagt weder „Hallo" noch beachtet es die Lehrkraft, die bereits anwesend ist. Der Blick geht zu Boden, das Kind steuert wortlos den Platz an. Wenn ein weiteres Kind den Raum betritt, gibt es ebenfalls keinen Gruß – auch nicht untereinander. Beim Gong nach der letzten Stunde ist die Situation ähnlich: Die Kinder packen schnell zusammen, und ein „Auf Wiedersehen, alle miteinander" der Lehrkraft erreicht sie schon gar nicht mehr. In der Regel braucht es mehrere Wochen, bis diese beiden kleinen Gesten – das Begrüßen und Verabschieden – den Kindern bewusst und zur Gewohnheit werden.

Das Grüßen ist mehr als eine bloße Formalität. Es zeigt, dass ich mein Gegenüber wahrgenommen habe und ihn wertschätze. Ein Gruß signalisiert Gleichwertigkeit und Anerkennung. Wenn ich jemandem „Guten Morgen" wünsche, erhoffe ich mir im Gegenzug, dass er mir dasselbe zurückgibt – ein respektvoller Austausch, der den Alltag menschlicher gestaltet.

Ein schönes Beispiel ist mir aus einer ersten Klasse in Erinnerung geblieben: Ein kleines Mädchen kam jeden Tag nach der Schule zu mir, reichte mir die Hand und sagte: „Tschüss, Frau …, die anderen rennen einfach raus, aber ich möchte mich von dir verabschieden." Solche Momente zeigen, wie liebenswürdig und bedeutend kleine Gesten sein können.

3.2.2.2 Weitere Umgangsformen: Rücksichtnahme und Verantwortung

Zum respektvollen Umgang zählt auch, auf andere Rücksicht zu nehmen – etwa, indem ein Kind seinen Platz ordentlich hält und seine Dinge nicht so ausbreitet, dass der Nachbar in seiner Arbeitsfreiheit eingeschränkt wird. Vielen Kindern ist dieses Prinzip fremd. Die Frage „Wieso darf ich meine Sachen hier nicht liegen lassen?" oder „Warum muss ich das jetzt einpacken?" zeugt von Unverständnis und Einsichtslosigkeit. Oft wandern Materialien sogar einfach auf den Tisch des Nachbarn, der schon fertig gepackt hat.

Diese Haltung entspringt oft einer Nachlässigkeit, die Kinder von ihren Eltern übernommen haben. Die Erziehung zur Verantwortung für die eigenen Dinge hat nicht stattgefunden. Eltern geben häufig nach der dritten Ermahnung, das Spielzeug wegzuräumen, auf und übernehmen diese Aufgabe schließlich selbst. Dabei lernt das Kind nicht, dass es für seine eigenen Sachen verantwortlich ist. Respekt für das Umfeld und für den persönlichen Raum anderer bleibt ihm unbekannt. Wenn ein Kind den Nachbarn als gleichwertige Person anerkennt und verinnerlicht hat, dass es nur ein Teil der Gruppe ist, dann wird es auch darauf achten, die eigene Tischfläche nicht zu überschreiten.

3.2.2.3 Materialkompetenz:
Der sorgsame Umgang mit Schulmaterial

Ein weiterer, häufig unterschätzter Aspekt von Umgangsformen ist der verantwortungsvolle Umgang mit eigenem Arbeitsmaterial. Das betrifft Stifte, Kleber, Radiergummis oder Arbeitsblätter – Dinge, die das Kind selbstständig verwalten und pflegen sollte. Manche Eltern mögen denken: „Das muss mein Kind selbst ausbaden, wenn es das nicht im Griff hat." Leider ist das nur bedingt richtig, denn eine Lehrkraft verbringt oft viel Zeit damit, verloren gegangenes Material zu ersetzen oder zu leihen.

Immer häufiger lehnen Kinder das Teilen ihres eigenen Materials mit Mitschülern ab: „Nein, meinen Kleber kriegst du nicht!" ist eine häufige Reaktion. Die Kinder haben recht. Hätten die Eltern das Materialbewusstsein früh vermittelt, wäre der Kleber vielleicht noch da. Wenn den Eltern die Materialien wichtig sind, dann ist es auch den Kindern wichtig.

Dasselbe gilt für Bleistifte, Buntstifte, Pinsel oder Anspitzer. Auch achtlos fallen gelassene Arbeitsblätter sind ein Thema. Oft beschweren sich die Kinder, dass sie ein Arbeitsblatt „gar nicht bekommen haben" – und siehe da, beim Nachsehen finden sich die Blätter doch in der Schultasche.

Materialbewusstsein ist ein wichtiger Teil der Umgangsformen. Es ermöglicht, dass Kinder ungestört und eigenständig arbeiten können, ohne ihre Mitschüler um Kleber, Stifte oder Radiergummis bitten zu müssen, weil sie diese vergessen oder verloren haben.

Solche Unterbrechungen stören nicht nur den Arbeitsfluss, sondern summieren sich in einer Klasse von 27 Kindern schnell zu einem erheblichen Zeitverlust – Zeit, die vom Lernen abgeht.

Viele Kinder scheinen den Wert ihrer Materialien nicht zu schätzen. Oft herrscht die Haltung vor: „Dann kauft Mama oder Papa eben einen neuen Stift oder Radierer." Diese Einstellung erstreckt sich auch auf Kleidung. Jedes Jahr wird in Schulen eine erstaunliche Menge an Kleidungsstücken gefunden und zentral gesammelt. Eltern sehen selten nach verlorener Kleidung, es sei denn, es handelt sich um teurere Stücke. Ohne ein solches Materialbewusstsein, das von den Eltern vorgelebt und vermittelt wird, fällt es den Kindern schwer, den Wert ihrer Besitztümer zu erkennen.

Früher besaß Schulmaterial oft einen besonderen Stellenwert. Ein neuer Stift zum Beispiel bedeutete meist, dass Weihnachten oder ein Geburtstag gewesen war – oder dass der alte schlichtweg aufgebraucht war. Mein Wasserfarbkasten, den ich vor der ersten Klasse zu Weihnachten bekommen hatte, begleitete mich noch in die weiterführende Schule. Aufgebrauchte Farben wurden gezielt ersetzt, und auch Bleistifte oder Buntstifte wurden nur bei Bedarf nachgekauft, wenn sie so klein waren, dass sie kaum mehr zu halten waren. Zu dieser Zeit kamen auch Stiftverlängerungen auf den Markt, mit denen man Buntstifte noch bis zur kleinsten Spitze verwenden konnte.

Diese Haltung prägte uns. Unsere Eltern vermittelten uns, dass die Schule und alles, was dazugehörte, wichtig war. Selbst wenn wir uns – mit ihrer Erlaubnis – selbst etwas kauften, wurde es zu Hause gewürdigt und als wertvoll betrachtet und mit dem Hinweis versehen: „Pass gut darauf auf." Diese Haltung zum Material führte zu einem achtsamen Umgang mit allem, was wir besaßen.

Heute kommen Eltern oft zu mir und sagen: „Mein Kind hat schon wieder seinen Radierer verloren. Ich habe ihm jetzt gedroht, dass er keinen neuen mehr bekommt, wenn das noch mal passiert." Die Kinder jedoch fühlen sich davon wenig angesprochen. Solche Aussagen zeigen ihnen eher, dass der Materialverlust den Eltern zur Last fällt, aber keine tiefere Bedeutung hat.

Ein achtsamer Ansatz wäre es, mit dem Kind gemeinsam einen neuen Radiergummi auszusuchen, über Vor- und Nachteile zu sprechen und dabei zu zeigen, dass der Radiergummi ein wertvolles, notwendiges Arbeitsmittel ist. Wenn Eltern dem Kind verdeutlichen, dass Schulmaterialien wichtig sind und sorgsam behandelt werden sollen, entwickelt das Kind ein Bewusstsein für den Wert dieser Gegenstände.

Auch die Qualität des Schulmaterials spielt eine Rolle. Früher wurde mit Bedacht eingekauft: Eltern achteten darauf, dass die Materialien langlebig, funktional und hochwertig waren. Heute hingegen sind 10er-Packungen billiger Bleistifte für 1 Euro bei Eltern sehr beliebt – doch die Stifte werden oft nicht besonders geschätzt. Die Kinder behandeln sie mit wenig Sorgfalt, möglicherweise weil sie unbewusst die geringe Wertschätzung spüren, die mit dem Kauf solcher Produkte verbunden ist. Der Gedanke „Hauptsache billig, wenn die verloren gehen, ist es nicht so teuer" sendet eine Botschaft an das Kind: Diese Stifte sind nicht wertvoll – und unbewusst können Kinder dies als „nicht wertvolles Kind" interpretieren. Die Folge ist, dass die 10er-Packung billiger Stifte meist schneller verschwindet oder kaputtgeht als ein einzelner, gut ausgesuchter Bleistift.

Hinzu kommt die schlechte Qualität dieser Billigstifte: Holz und Lackierung sind minderwertig, die Mine ist instabil und bricht ständig ab. Das Anspitzen gestaltet sich schwierig, da das Holz oft splittert und die Mine keinen Halt findet.

Ein Kind, das sich mit seinem Material verbinden kann, weil es achtenswert ist und das Kind es auch so empfindet, wird dieses wie einen kleinen Schatz behandeln.

Es wird darauf achten, dass es nicht verloren geht, nicht beschmutzt oder beschädigt wird – vorausgesetzt, es hat diesen sorgsamen Umgang erlernt.

Als Kind habe ich manchmal von meinem Vater einen einfachen, dunkelgrünen Bleistift geschenkt bekommen – nur für mich. Diese Stifte waren keine Designerstücke, sondern schlicht, doch ich behandelte sie wie kleine Schätze, weil ich wusste, dass mein Vater sie mir in besonderer Absicht gab. Erst später erfuhr ich, dass diese Stifte von einer renommierten Marke stammten und extrem langlebig waren.

Diese Erinnerung zeigt: Wenn Eltern bewusst und wertschätzend mit Schulmaterialien umgehen, spüren das auch die Kinder. Es prägt sie und weckt das Bewusstsein für den Wert von Dingen. Ein wertvoller, achtsamer Umgang mit dem Eigenen – sei es mit Schulmaterial oder anderen Gegenständen – ist eine zentrale Lebenskompetenz, die Kindern langfristig hilft, sorgsam und wertschätzend mit Ressourcen umzugehen.

Indem Eltern und Lehrer gemeinsam die Grundregeln des respektvollen Umgangs, der Rücksichtnahme und Verantwortung früh anbahnen, geben sie den Kindern ein stabiles Gerüst für den Alltag. Mit diesem Gerüst gelingt es ihnen, auch größere Herausforderungen zu bewältigen – im Schulalltag und darüber hinaus.

3.2.3 Zuhören

 Viele Kinder können schlichtweg nicht richtig zuhören. Meiner Meinung nach liegt das daran, dass sie ihre eigenen Äußerungen als wichtiger einstufen und der Respekt gegenüber anderen Äußerungen zunehmend verloren geht. Doch wie kommt es, dass Kinder ihre eigenen Worte als so vorrangig betrachten? Sie sind doch erst fünf bis sieben Jahre alt und haben keine beruflichen Errungenschaften vorzuweisen, die ihre Aussagen besonders wertvoll machen würden. Wieso also diese Haltung? Die Ursache liegt, so vermute ich, im Elternhaus.

Eltern sind verständlicherweise begeistert über die ersten Worte ihres Kindes und fördern sein Sprechen intensiv. Anfangs hören sie auf jedes Geräusch, das es von sich gibt. Auch später, wenn das Kind selbstständig spricht, lauschen die Eltern aufmerksam auf jedes Wort.

Sobald es den Mund aufmacht, verstummen die Eltern. Dieses Verhalten setzt sich auch im Beisein von anderen fort: Ob die Großeltern zu Besuch sind oder die Familie sich unter Bekannten befindet – die Unterhaltung wird unterbrochen, sobald das Kind spricht. Diese Reaktionen erzeugen eine Gewohnheit der ungeteilten Aufmerksamkeit, die dem Kind letztlich nicht guttut. Das Kind lernt so, dass ihm immer und in jeder Situation zugehört wird, egal, was oder zu wem es spricht.

Dieses Phänomen ist mir auch außerhalb des schulischen Umfelds begegnet, etwa bei einer Geburtstagsfeier. Ein Bekannter feierte seinen vierzigsten Geburtstag mit etwa dreißig Gästen in einer großen Doppelgarage. Der fünfjährige Sohn des Gastgebers war ebenfalls anwesend, und es lief ausschließlich die Musik des Jungen. Mehrmals stellte sich der

Junge auf einen Tisch, rief laut über die sich unterhaltenden Gäste hinweg: „Seid mal ruhig, ich möchte euch etwas erzählen." Da die Gäste nicht sofort reagierten, wurde er sichtlich verärgert und lauter. Die Eltern jedoch unterbrachen ihr Gespräch und richteten ihre volle Aufmerksamkeit auf ihn, woraufhin er seine Geschichten zum Besten gab.

Kinder leben bis zum Schulalter in einem egozentrischen Weltbild, in dem sie sich als Zentrum der Welt wahrnehmen. Das ist ein natürlicher Entwicklungsschritt. Doch es ist die Aufgabe der Eltern, das Kind langsam darauf vorzubereiten, dass es nicht immer im Mittelpunkt stehen wird, anstatt es in dieser Vorstellung zu bestärken.

In der Schule sitzen 27 Kinder beisammen, die häufig nach diesem Muster aufgewachsen sind. Alle möchten reden, aber keiner hört mehr wirklich zu. Besonders deutlich zeigte sich mir dies bei Gesprächsrunden. Wenn ein Kind von seinem Wochenende erzählte, flüsterte der Nachbar seinem Sitznachbarn ebenfalls seine eigene Geschichte zu. Wenn dann ein anderes Kind aus der Runde den Bericht wiederholen sollte, blieb es oft still, da niemand wirklich zugehört hatte. Ähnlich gestaltete sich die Situation bei der Vermittlung von Lerninhalten. Ich erklärte Regeln, etwa zur Großschreibung, und übte sie gründlich ein. Einige Kinder konnten die Regel nach der Übung wiedergeben, andere jedoch nicht – sie hatten schlichtweg nicht zugehört. Dann wurde es noch einmal wiederholt.

Noch immer hatten es nicht alle verinnerlicht. Das ständige Wiederholen kostete viel wertvolle Unterrichtszeit.

Ein weiteres Beispiel ist die Erklärung der Hausaufgaben, bei der sich das Zuhörproblem ebenfalls bemerkbar machte. Manche Eltern berichteten, dass ihr Kind nach Hause komme und nicht wisse, was es aufhabe, obwohl die Hausaufgaben sowohl mündlich erklärt als auch an der Tafel notiert wurden.

Der Ablauf war dabei stets derselbe: Ich erklärte, dass wir nun die Hausaufgaben aufschreiben, ging zur Tafel und notierte diese. Dabei zeigte ich, welches Buch oder Heft benötigt wurde, und erklärte gegebenenfalls Details zu Arbeitsblättern. Anschließend schrieben alle Kinder die Aufgaben ab. Dabei gab es gelegentlich zusätzliche mündliche Anweisungen, um das Zuhören zu fördern. Ein Schüler wiederholte dann die Aufgaben und das einzupackende Material.

Trotz dieser klaren Ansagen beklagten sich manche Eltern, dass der Schulranzen ihres Kindes zu voll und schwer sei. Bei einer Kontrolle stellte ich fest, dass tatsächlich alles, was unter die Bank gehörte, im Ranzen war. Auf die Frage, warum das Kind all dies einpacke, antwortete es: „Dann vergesse ich nichts." Hier zeigte sich das gleiche Problem. Am ersten Elternabend erklärte ich, dass die Kinder nur das einpacken sollen, was für die Hausaufgaben nötig ist, um das Gewicht des Ranzens gering zu halten. Hier erhielt ich große Zustimmung durch die Eltern. Nur leider schien es für viele Kinder schwer, das umzusetzen.

3.2.4 Konfliktfähigkeit

Der Begriff „Umgangsformen" impliziert, dass man mit anderen so umgeht, dass es nicht zu Konflikten kommen muss. Wenn man diese Umgangsformen verinnerlicht hat, kann man in einem Streit besser einschätzen, ob jemand in den eigenen persönlichen Bereich eingedrungen ist. Wer Respekt und Achtung für andere entwickelt hat, genau zuhört, was von einem erwartet wird, und gelernt hat, nicht immer alles verteidigen zu müssen, sondern auch mal nachzugeben, hat bereits einen großen Schritt in Richtung Konfliktfähigkeit getan.

Oft fehlt Kindern allerdings die Sprache – oder das Vorbild der Eltern –, um Konflikte konstruktiv zu lösen. Wenn Eltern selbst keine Konflikte ruhig und sachlich besprechen können, vielleicht aufgrund fehlenden Wortschatzes, sondern stattdessen laut werden oder sogar handgreiflich, wird das Verhalten der Kinder dieses Muster widerspiegeln. Friedrich Fröbel, ein deutscher Pädagoge und Erfinder des Kindergartens, hat mal gesagt: „Erziehung ist Beispiel und denkende Liebe." Wie sich ein Kind außerhalb des Elternhauses gibt, lässt Rückschlüsse auf das Verhalten der Eltern zu.

Ein Konflikt beginnt oft im Inneren, wenn wir das Gefühl haben, uns verteidigen zu müssen oder im Recht zu sein. Wer jedoch keine Umgangsformen gelernt hat, glaubt oft, dass ausschließlich er oder sie im Recht ist. Mit guten Umgangsformen hingegen kennt man die eigenen Grenzen und kann die Konsequenzen des eigenen Handelns abschätzen. Man weiß, dass andere genervt sein könnten, wenn man ihre persönlichen Grenzen nicht respektiert. Beispielsweise, wenn ein Kind seine Sachen auf dem Tisch des Nachbarn verteilt. Wer gelernt hat, Konflikte zu verstehen und zu bewältigen, ist eher in der Lage, freundlich, aber bestimmt zu kommunizieren, wenn etwas stört.

Zur Konfliktfähigkeit gehört natürlich auch die Fähigkeit, Konflikte zu lösen – etwas, das immer weniger Kinder beherrschen. Besonders nach der großen Pause, in der zahlreiche kleine Streitigkeiten entstehen, fehlt vielen die Fähigkeit, diese eigenständig zu klären. Stattdessen erwarten die Kinder von der Lehrkraft, dass sie die Probleme sofort und in ihrem Sinne löst. Das zeigt sich oft bereits beim Zurückkehren in die Klasse, wenn mehrere Kinder zur Lehrkraft kommen und die vermeintlichen Missetaten anderer Kinder berichten. Die Erwartung ist, dass die Lehrkraft sofort eingreift.

Diese Haltung verschärft sich bei Konflikten über Klassengrenzen hinweg. Die Kinder suchen dann die Lehrkraft der jeweils anderen Klasse auf, gefolgt von „Zeugen", und erwarten eine sofortige Klärung. Häufig finden solche Gespräche dann im Beisein beider Lehrkräfte vor der Klassenzimmertür statt, während die Klassen sich selbst überlassen bleiben.

Die Wurzel dieses Problems liegt oft im Elternhaus. Ein Kind, das zu Hause als „Prinz" oder „Prinzessin" behandelt wird, bringt diese Haltung mit in die Schule, was schwerwiegende Auswirkungen haben kann. Schon im Sandkasten, wenn einem Kind ein Spielzeug weggenommen wird, reagieren manche Eltern sofort und holen das Spielzeug für ihr Kind zurück, anstatt erst mal abzuwarten, die Situation zu beobachten und das Kind das Problem selbst lösen zu lassen. Diese Lektionen prägen Kinder früh. Würden Eltern ihr Kind stattdessen dazu ermutigen, das Spielzeug selbst zurückzuholen, würde es lernen, Konflikte auf eigene Weise zu lösen.

Ein weiteres Beispiel: Ein Kind schlägt einem anderen Kind mit einer Plastikschaufel auf den Kopf und lacht dabei, während das betroffene Kind weint. Die Eltern des schlagenden Kindes beobachten es, aber reagieren nicht, und auf Aufforderung anderer Eltern antworten sie: „Warum wehrt sich Ihr Kind nicht?" Eine angemessenere Reaktion wäre gewesen, das eigene Kind zu stoppen und ihm klarzumachen, dass sein Verhalten nicht in Ordnung ist. Wie hätte die Mutter des geschlagenen Kindes reagieren können? Sie hätte die Hand ihres Kindes führen und dem Schläger damit die Schaufel aus der Hand nehmen können.

Diese Beispiele zeigen, dass Eltern oft nicht im Sinne des Kindes handeln und damit eine wichtige Lernerfahrung für das Kind verhindern. Maria Montessori, die berühmte italienische Pädagogin, vertrat die Auffassung: „Hilf mir, es selbst zu tun." Die Grundlagen für konfliktfähiges Verhalten werden im Kleinkindalter gelegt. Es wäre für die Entwicklung der Kinder wertvoll, wenn Eltern erkennen würden, dass kein Kind ein „Prinz" oder eine „Prinzessin" ist, sondern ein junger Mensch, der seine Eltern braucht, um sich im Leben zurechtzufinden und selbstständig Konflikte lösen zu können. Ohne die Eltern einen Konflikt zu lösen, ist das eigentliche Meisterstück.

In der Schule erwarten Kinder jedoch oft von den Lehrkräften dieselbe Unterstützung wie von ihren Eltern. Wenn die Lehrkräfte ihnen nicht sofort helfen, erzählen sie das zu Hause, und häufig greifen die Eltern dann ein und beschweren sich bei der Schulleitung über das Verhalten des anderen Kindes oder die vermeintliche Untätigkeit der Lehrkraft.

Ein Teufelskreis entsteht, in dem das Kind immer wieder erfährt, dass es Konflikte nicht eigenständig lösen muss.

Diese Haltung kostet uns Lehrkräfte im Schulalltag enorm viel Zeit. Häufig verbringen wir die Zeit vor dem Klassenzimmer, um Streitigkeiten zu schlichten, weil die Kinder gewohnt sind, sie sofort gelöst zu bekommen. Die Kinder sind nicht in der Lage, ihre Konflikte allein zu bewältigen. Ohne die Unterstützung von Eltern oder Lehrkräften fühlen sie sich hilflos, geraten aus dem Gleichgewicht und reagieren oft aggressiv. Manche Kinder gehen sogar so weit, Schulmöbel zu beschädigen, und müssen regelmäßig von den Eltern abgeholt werden.

Dieses Verhalten zeigt sich täglich, insbesondere nach der großen Pause, und es betrifft viele Klassen, weil in jeder Klasse Kinder sind, die Schwierigkeiten haben, Konflikte eigenständig zu lösen.

Inzwischen werden in der Schule spezielle Kindertrainings angeboten, um Konfliktlösungsfähigkeiten zu fördern. Diese Trainings finden während der regulären Unterrichtszeit statt,

nachdem mehrere Vorbereitungsgespräche mit der Klassen-
lehrkraft geführt wurden. Dadurch geht wertvolle Unterrichtszeit verloren, weil die Kinder bis zum Schuleintritt zu
Hause entweder kein oder ein ineffektives Konfliktlösungs-
programm kennengelernt haben.

Wie Eltern heute unterstützen können:

Fragen Sie Ihr Kind nach der Schule, ob es in der Pause
Konflikte gab und wie es darauf reagiert hat. War die Reaktion konfliktlösend? Wenn nicht, überlegen Sie gemeinsam,
was Ihr Kind hätte anders machen können. Besprechen Sie
auch Möglichkeiten zur Konfliktvermeidung, um solche Situationen vorbeugend anzugehen. Bleiben Sie im Gespräch
mit Ihrem Kind und geben Sie ihm Raum, über seine Erlebnisse nachzudenken und seine Lösungsstrategien zu entwickeln.

3.2.5 Selbstbeherrschung

Dieses Wort scheint durch die antiautoritäre Erziehung stark
an Bedeutung verloren zu haben – ebenso wie der ursprüng-
liche Inhalt, den es transportiert. Selbstbeherrschung bedeutete früher, die Kontrolle über sich selbst zu haben, Herr über
das eigene Denken, Handeln und Fühlen zu sein. Die „Kö-
nigsdisziplin" der Selbstbeherrschung war und ist die Kontrolle über die eigenen Gefühle, was allerdings viel Übung
und Selbsterkenntnis erfordert.

Selbstbeherrschung muss gelernt werden, denn sie beinhaltet
die Fähigkeit, Grenzen zu erkennen und zu respektieren.
Menschen kommen als freie Wesen zur Welt; doch Grenzen
müssen sie erfahren und einordnen lernen. Selbstbeherrschung bedeutet nichts anderes, als die Grenzen zwischen

sich selbst und der Umwelt einschätzen zu können: Wie weit kann ich gehen, ohne das Gegenüber einzuschränken oder in seinen persönlichen Bereich einzudringen und ihn zu verletzen?

Wenn man im Supermarkt ein Kind sieht, das schreiend auf dem Boden liegt, während die Eltern danebenstehen und ratlos zusehen, zeigt sich ein klarer Fall von fehlender Selbstbeherrschung. Bei einem Zwei- bis Dreijährigen kann diese hier jedoch angebahnt werden. Das Kind möchte etwas Bestimmtes bei den Eltern erreichen, was abgelehnt wurde. Es möchte in diesem Fall unbewusst die Kontrolle über die Eltern gewinnen und bestimmen, was geschieht.

Größere Kinder, die sich so verhalten, haben oft schon über Jahre hinweg geübt, wie sie mit ihrem Verhalten bestimmte Reaktionen auslösen können. Die Eltern stehen in diesem Moment vor der Wahl: Bleiben sie standhaft oder geben sie nach? Standhaftigkeit täte dem Kind langfristig gut. Doch oft ist den Eltern die öffentliche Szene unangenehm und sie geben nach, um den Auftritt so schnell wie möglich zu beenden. Doch genau dadurch wird das Verhalten des Kindes letztlich zu einer tatsächlichen Blamage – nicht durch die Standhaftigkeit, sondern durch das Nachgeben.

Würden die Eltern Rückgrat zeigen und bei ihrem „Nein" bleiben, erhielten sie oft die stille Anerkennung der Umstehenden. Für das Kind wäre der Lerneffekt besonders wertvoll: Es würde begreifen, dass es mit diesem Verhalten nicht das gewünschte Ziel erreicht. So hätte es einen ersten Schritt in Richtung Selbstbeherrschung gemacht, eine Fähigkeit, die ihm in allen Lebensbereichen zugutekommen wird. Eine Fähigkeit, die durch die denkende Liebe der Eltern angeregt wird.

3.3 Erziehung ist Beispiel und denkende Liebe, sonst nichts

Diesen Satz fand ich auf dem Begrüßungsschreiben des Krankenhauses bei der Geburt meines Sohnes: „Erziehung ist Beispiel und denkende Liebe, sonst nichts." Ein Zitat von Friedrich Fröbel, dem Begründer des Kindergartens, aus dem 19. Jahrhundert. Doch was wollte Fröbel uns damit sagen? Vielleicht Folgendes:

3.3.1 Erziehung ist Beispiel

 Als Eltern und Erziehende sind wir Vorbilder für unsere Kinder. Sie lernen durch Nachahmung – sehen sie unser Verhalten, übernehmen sie es. Ein Kind beobachtet zuerst hauptsächlich das Verhalten seiner Eltern im Umgang mit anderen Menschen. Sind diese höflich und respektvoll, wird das Kind dies höchstwahrscheinlich übernehmen. „Mit gutem Beispiel vorangehen" ist ein bekanntes Prinzip. Doch auch negatives Verhalten wird unbewusst aufgenommen. Wenn Eltern sich zum Beispiel in Konflikten anschreien und dann einer nachgibt, lernt das Kind, dass lautes Fordern zum Ziel führt. Das Kind greift unbewusst auf dieses Muster zurück, wenn es selbst einmal ein „Nein" bekommt.

Oft reproduzieren Eltern in ihrem Verhalten die Konfliktmuster, die sie selbst in der eigenen Kindheit erlebt haben. Wer Konflikte nie konstruktiv lösen gelernt hat, neigt dazu, in einer Spirale festzustecken, in der es schwierig ist, neue Wege zu finden. Steht dann das Kind vor ihnen und fordert lautstark, wissen sie nicht weiter – und geben oft frustriert nach. Der Lerneffekt für das Kind ist, dass Wutanfälle zielführend sind.

Wenn wir mit unseren Kindern eine verbale Kommunikation wünschen, müssen wir diese auch selbst praktizieren. Kinder, die zu Hause keine gewaltfreie, respektvolle Kommunikation erlebt haben, werden diese auch mit Gleichaltrigen nicht umsetzen können. Treffen dann zwei Kinder aufeinander, die beide nur Schreien oder Zuschlagen gelernt haben, ist der Konflikt vorprogrammiert.

Bei Gesprächen mit Eltern hört man häufig, dass es zu Hause keine Probleme mit dem Kind gebe. Oft liegt das jedoch daran, dass die Eltern resigniert nachgeben, um Konflikte zu vermeiden. In der Schule ist das so nicht möglich und später im Leben auch nicht. Kinder werden in einer solchen Erziehung nie lernen, Konflikte konstruktiv und eigenständig zu lösen.

3.3.2 Erziehung ist denkende Liebe

Liebe für ein Kind umfasst vieles: Es bedeutet, es zu schützen, ihm Nähe und Sicherheit zu geben und es so anzunehmen, wie es ist. Eltern kleiden, ernähren und umsorgen ihr Kind. Dabei können allerdings Fehler passieren.

Natürlich wollen wir unsere Kinder vor Schaden bewahren. Doch wir dürfen nicht vergessen, dass sie auch eigene Erfahrungen machen müssen. Überbehütete Kinder kommen unvorbereitet in neue Situationen und sind anderen Menschen gegenüber oft orientierungslos, was ihnen später zum Verhängnis werden kann.

Denkende Liebe bedeutet, das Kind auf die Welt vorzubereiten – darauf, dass es das Elternhaus eines Tages verlässt. Es bedeutet, vorausschauend zu lieben und das Kind für den Alltag zu stärken. Wenn wir unser Kind beschützen wollen, sollten wir ihm dennoch die Chance geben, selbst Konflikterfahrungen zu machen und sich zu behaupten, vor allem verbal.

Konfliktsituationen sollten im Nachhinein reflektiert und besprochen werden, wobei Fehler als Chance für einen neuen Versuch betrachtet werden. Denkende Liebe gibt dem Kind die Gelegenheit, selbst Lösungen zu finden, und ermöglicht es ihm, Selbstvertrauen zu entwickeln.

Auch schwierige Kinder müssen das Gefühl haben, dass sie bedingungslos geliebt werden. Aussagen wie „Hätte ich dich bloß nicht bekommen!" verletzen Kinder zutiefst und erschüttern ihr Vertrauen. Denkende Liebe erkennt, dass Kinder keine Ursache für elterliche Probleme sind – die Ursachen für eigene Unzufriedenheit liegen letztlich bei den Eltern selbst, nicht bei den Kindern.

Auch die körperliche Versorgung ist Teil der denkenden Liebe. Saubere, angemessene Kleidung und gute Ernährung sind für das Wohlbefinden des Kindes wichtig. Wenn ein Kind etwa tagelang in derselben schmutzigen Kleidung erscheint oder nicht zur Körperpflege angeleitet wird, kann dies zu Problemen führen. Kinder, die auf solche Weise vernachlässigt werden, verstehen nicht, warum Gleichaltrige sie meiden. Ebenso verhält es sich bei Kleidung, die nicht an die Jahreszeit angepasst ist. Denkende Liebe bedeutet hier, konsequent auf die Bedürfnisse des Kindes einzugehen und für ein gesundes Verständnis von Selbstpflege zu sorgen.

Die Mode, auch bei Kindern, hat mittlerweile sehr ausgefallene Formen angenommen. Leider ist das, was modisch ist, oft nicht einfach für Kinder zu tragen. So müssen Mama oder Papa häufig helfen, insbesondere bei Kleidung, die Eltern aus modischen Gründen auswählen. Dieser Wunsch, sich von der allgemeinen Masse abzuheben, kann dazu führen, dass das Kind länger unselbstständig bleibt, als es nötig wäre. Wenn es sich in einem Alter, in dem es sich längst allein anziehen könnte, immer noch mit Schleifen und Bändern herumschlägt, die für die modische Erscheinung erforderlich sind, verzögert das seine Eigenständigkeit. Und auch in der Schule, wo das Kind die Kleidung nicht immer kontrollieren kann, entstehen Probleme: Rutschen Träger, öffnen sich Schleifen oder bleiben Strickblüten an etwas hängen, sieht das Kind schnell weniger gepflegt aus.

Das Gleiche gilt für aufwendige Frisuren. Wenn morgens kunstvoll gestylt wird, aber nach der Pause nichts mehr davon übrig ist, fühlt sich das Kind unwohl und ist mehr mit sich selbst und den Haaren beschäftigt als mit dem Unterricht. Auch bei Kleidung können Bänder und Schleifen, die im Schulalltag nur hinderlich sind, vom Wesentlichen ablenken – insbesondere, wenn das Hauptziel der Schule ist, das Kind in seiner geistigen Entwicklung zu fördern und nicht, schön auszusehen. Aber auch zu enge Kleidung kann besonders bei übergewichtigen Kindern zu Unannehmlichkeiten führen, da sie ständig an der Kleidung herumzupfen müssen, um sie wieder an Ort und Stelle zu bekommen.

Einfachere Kleidung bietet hingegen mehr Bewegungsfreiheit. Es gibt keine störenden Schleifen, die verloren gehen, oder Träger, die rutschen. Das Kind kann sich zu Hause und nach dem Sport schneller anziehen und fühlt sich den ganzen Tag über wohler, ohne Ablenkung durch unangenehme oder komplizierte Kleidungsstücke.

Ein weiteres Beispiel ist die Kleidung von auffälligen Marken oder besonders teuren Artikeln. Wenn Eltern ihrem Kind sagen: „Pass auf die Jacke auf, die war teuer", und das Kind ermahnt damit die anderen Kinder, entsteht bei manchen Kindern entweder Neid oder der Wunsch, das gute Stück zu zerstören oder zu stehlen. Ist es dann verschwunden, wird häufig ein zweites gutes Stück erworben mit dem Wunsch an die Lehrerin, dieses doch während des Unterrichtes in der Klasse über den Stuhl hängen zu dürfen. Ein solches Verhalten kann unnötige Probleme verursachen, denn auch andere Kinder möchten ihre Jacke in der Klasse haben.

Schnürschuhe, die das Kind selbst binden muss, sind ebenfalls ein potenzielles Problem. Ziehe ich meinem Kind Schnürschuhe an, die ich noch selbst binden muss, sollten mir Bedenken kommen. Das Kind muss jetzt in der Schule vor und nach dem Unterricht die Schuhe mit den Hausschuhen wechseln und hat vielleicht auch Sport, was wieder schnelles Anziehen der Schuhe erfordert. Auch gehen Schleifen gerne mal zwischendurch auf. Wenn das Kind das Binden der Schuhe noch nicht zügig beherrscht, sollten Schnürschuhe vermieden werden, da sie unnötige Ablenkung und Frustration sowie zusätzliche Arbeit für die Lehrkraft verursachen können. Stattdessen sind Schuhe mit Klettverschluss viel praktischer und fördern die Selbstständigkeit des Kindes.

Ernährung ist ebenfalls ein bedeutendes Thema. Kinder übernehmen meist die Ernährungsgewohnheiten der Eltern. Wenn die Familie gesund isst, entwickeln Kinder oft eine gesunde Einstellung zu Lebensmitteln. Wenn das Elternhaus jedoch von ungesunden Essgewohnheiten geprägt ist, wird das Kind dieselben Vorlieben entwickeln. Klagen, dass das Kind nur Fast Food oder Süßigkeiten esse, sind meist Folge des elterlichen Vorbilds. Kinder, deren Eltern Fast Food als Ausnahme erleben, sehen dies oft als besonderes Ereignis und verhalten sich dementsprechend anders als Kinder, bei denen ungesunde Ernährung zum Alltag gehört.

Mangelhafte Ernährung wirkt sich nicht nur auf das Körpergewicht, sondern auch auf das Gehirn und die Konzentrationsfähigkeit aus. In der Schule zeigen sich oft deutliche Unterschiede: Kinder, die sich schlecht ernähren, sind im Sportunterricht schneller erschöpft und bei geistigen Aufgaben weniger konzentriert. Nach Pausen, in denen stark zuckerhaltige Lebensmittel konsumiert wurden, fällt es solchen

Kindern sehr schwer, sich wieder auf den Unterricht zu konzentrieren. Sie fallen durch übermäßige Bewegung auch den Mitschülern auf, da der übermäßige Zuckergehalt im Körper des Kindes in Energie umgewandelt wird. Denkende Liebe würde nach besseren Pausensnacks suchen und mit dem Kind darüber sprechen, was eine gesunde Ernährung ausmacht. Wenn die Eltern das gleiche Verhalten vorleben, hat das Kind eine wesentlich bessere Grundlage, selbst gute Entscheidungen zu treffen.

Erziehung ist Vorbild und denkende Liebe – nichts weiter. Durch unser eigenes Verhalten lehren wir unsere Kinder Werte und Lebenskompetenzen, die sie weit über die Kindheit hinaus begleiten werden. Indem wir Kinder mit liebevoller Konsequenz leiten, stärken wir sie für das Leben.

4. Die Eltern

Wen betrifft die Bezeichnung „Eltern"?

Die Bezeichnung „Eltern" umfasst alle Personen, die eigene oder adoptierte Kinder aufziehen. Dazu zählen auch Pflegeeltern, und sogar Großeltern können in diese Rolle fallen, wenn sie Kinder betreuen. Eltern begleiten Kinder auf ihrem Weg in die Eigenständigkeit, weisen ihnen den Weg ins Leben und versuchen oft, diesen Weg nach eigenem Ermessen zu ebnen. Sie neigen dazu, ihre Kinder auf bekannten Wegen zu führen – jenen, auf denen sie sich sicher fühlen, weil sie wissen, wo diese beginnen, wo sie enden und was unterwegs zu erwarten ist.

Wie in vielen anderen Bereichen des Lebens gibt es auch bei Eltern unterschiedliche Typen: sichere und unsichere.

Sichere Eltern sind jene, die durch eigene Erfahrungen gelernt haben, dass es verschiedene Wege gibt, die zum Ziel führen – „viele Wege führen nach Rom". Sie stehen fremden Wegen offen gegenüber und vertrauen darauf, dass andere Menschen, wie z. B. Erzieher, wertvolle und spezifische Kompetenzen einbringen. Diese Eltern respektieren die Expertise von Fachleuten und zeigen keine Angst vor unterschiedlichen Erziehungsstilen. Vielmehr wissen sie, dass es wichtig ist, ihr Kind frühzeitig mit Vielfalt und Andersartigkeit vertraut zu machen, da dies die Anpassungsfähigkeit im späteren Leben fördert.

Unsichere Eltern hingegen tun sich deutlich schwerer. Sie sind weniger offen für Neues und fühlen sich von Andersartigkeit bedroht. Oft haben sie selbst in ihrer eigenen Erziehung keinen stabilen Weg oder klare Orientierung erfahren, was zu einer inneren Unruhe und einem Mangel an Vertrauen gegenüber anderen Menschen führt. Ihr eigener Lebensweg war und ist geprägt von ständiger Suche und Unsicherheit. Veränderungen empfinden sie als bedrohlich, und vieles wird zunächst hinterfragt oder abgelehnt. Diese Eltern konnten als Kinder nicht lernen, was in der Erziehung bereichernd ist und was schadet. Ihnen fehlt die Fähigkeit, rückblickend Positives und Negatives aus ihrer eigenen Kindheit zu analysieren und weiterzugeben oder bewusst zu ändern. Unbekannte Wege bereiten ihnen Angst, und sie lehnen alternative Erziehungsansätze meist ab – selbst wenn diese ihrem eigenen Erziehungsstil ähneln.

Solche Eltern neigen dazu, besonders kritisch gegenüber Erziehern und Lehrkräften zu sein und bei diesen vermeintliche Fehler oder Mängel zu suchen, selbst wenn es keine gibt. Diese Kritik dient oft als Schutzmechanismus, weil es leichter ist, andere zu bewerten, als die eigenen Unsicherheiten zu erkennen und zu hinterfragen. Unsichere Eltern tun sich schwer damit, die Erfahrungen anderer anzuerkennen, da sie selbst häufig mit verwirrenden oder negativen Erfahrungen konfrontiert waren. Für sie ist der Begriff „Erfahrung" oft negativ besetzt und emotional belastet.

4.1 Der Wert eigener Erfahrungen

Was bedeutet eigentlich das Wort „Erfahrung"? Bei vielen Eltern habe ich den Eindruck gewonnen, dass ihnen dieser Begriff fremd ist. Besonders bedauerlich und hinderlich finde ich es, wenn Eltern bei der bloßen Erwähnung des Begriffs sofort auf Konfrontation schalten – sei es, weil sie ihn hören oder nur vermuten. Dies weist meiner Meinung nach auf eine unbewusste Angst hin, die sich bei diesen Menschen sehr deutlich bemerkbar macht, sobald sie mit unbekannten Umständen konfrontiert werden.

Ich möchte daher eine Definition versuchen: „Erfahrung" ist für mich die Summe aller bisherigen Erlebnisse im Leben, ob positiv oder negativ, und deren jeweilige Ergebnisse. Man sagt, der Mensch lernt aus Erfahrung – das bedeutet, er muss bestimmte Situationen selbst erlebt haben, damit sie sich in seinem Gedächtnis manifestieren und sein zukünftiges Handeln beeinflussen können. Einfach ausgedrückt: Wenn ein Mensch eine Situation wiederholt erlebt, speichert er – idealerweise – ab, was in der Vergangenheit geschah und welche Konsequenzen daraus resultierten. Zum Beispiel: Wenn A passiert und daraufhin B eintritt, dann folgt wahrscheinlich C. Diese Erfahrung könnte den Menschen davon abhalten, denselben negativen Ausgang erneut zu erleben, und ihn zu einer neuen, vielleicht besseren Vorgehensweise führen.

Erfahrungen beziehen sich immer auf vergangene Ereignisse, doch der Mensch hat die Fähigkeit, seine Zukunft daran auszurichten. Jeder Mensch macht seine eigenen Erfahrungen, und diese sind individuell. Manche mögen zwar ähnlich sein, doch sie sind immer von der Perspektive und den Umständen des Einzelnen geprägt. Je mehr Erfahrungen jemand sammelt, desto größer wird sein „Erfahrungsschatz".

Ein Vergleich mag das verdeutlichen: Eine Legehenne, die ihr Leben lang nur in einem Käfig verbracht hat, wird völlig andere Erfahrungen gemacht haben als eine Henne, die draußen auf einer Wiese mit Hunden, Katzen, Raubvögeln, Küken, Wind und Wetter gelebt hat. Würden diese beiden Hühner ihre Erfahrungen austauschen, könnten sie voneinander lernen, wie unterschiedlich das Leben eines Huhns sein kann. Das Beispiel zeigt, dass ein Individuum nicht allein durch seine Spezies definiert ist, sondern durch die Summe seiner Erfahrungen – bei Hühnern ebenso wie bei Menschen.

Erfahrungen sollte man niemals unterschätzen. Sie sind ein wertvoller Schatz, eine Bereicherung des Lebens. Leider gibt es Menschen, die diesen Schatz weder erkennen noch schätzen. Solche Menschen überschätzen sich oft und glauben, ihre eigenen Erfahrungen seien die einzig richtigen und wahren. Dabei kann die eigene Erfahrung nur wachsen – und zwar ein Leben lang.

Im Umgang mit Eltern habe ich jedoch feststellen müssen, dass meine eigenen Erfahrungen von manchen als unwillkommen empfunden werden. Diese Ablehnung hat mich anfangs sehr bewegt. Für mich war es immer eine Bereicherung, von den Erfahrungen anderer zu lernen, besonders wenn diese über einen ausgeprägten Erfahrungsschatz verfügten und bereit waren, diesen mit mir zu teilen. Denn auch wenn Erfahrungen letztlich individuell sind und jeder sie selbst machen muss, kann man aus den Erlebnissen anderer lernen, sich vorbereiten oder möglichen Gefahren aus dem Weg gehen.

Manchmal wünschte ich, dass Erfahrungen genetisch speicherbar wären – sozusagen wie eine Festplatte, die man dem eigenen Kind mitgeben könnte. Wenn Kinder von Geburt an die Erfahrungen ihrer Eltern nutzen könnten, würden sie in vielen Situationen wohl vorsichtiger und überlegter handeln.

Doch so funktioniert das Leben nicht. Kinder wollen und müssen oft ihre eigenen Erfahrungen machen, weil sie glauben, ihre Situation sei einzigartig und nicht vergleichbar. Sie lernen durch Versuch und Irrtum – genauso wie wir.

Erstaunlicherweise benehmen sich jedoch viele Eltern ähnlich wie heranwachsende Kinder. Wenn man über eigene Erfahrungen spricht, reagieren sie oft brüsk und abweisend. Man wird nicht selten des Urteilens bezichtigt, obwohl es doch darum geht, Wissen und Erlebnisse zu teilen. Diese Kritik äußern sie selten direkt, sondern indirekt – etwa durch Beschwerden bei Vorgesetzten oder anderen Anlaufstellen. Eine solche Vorgehensweise war für mich zunächst unverständlich, da sie der Idee widerspricht, aus Erfahrungen zu lernen und voneinander zu profitieren.

Ein Beispiel:

Der betreffende Schüler war ein äußerst auffälliges Kind. Schon wenige Wochen nach Schulbeginn hatte ich die Eltern zu einem Gespräch gebeten, da das Kind zahlreiche Probleme zeigte. Es konnte nicht auf seinem Platz bleiben, ärgerte seine Sitznachbarn schmerzhaft und attackierte in den Pausen wahllos andere Kinder mit Kneifen, mit spitzen Bleistiften Piksen, Treten, Schlagen – oft so heftig, dass blutende Wunden entstanden. Dieses aggressive Verhalten geschah ohne erkennbare Provokation. Hinzu kamen schulische Schwierigkeiten. Das Kind konnte den Anforderungen kaum gerecht werden, zeigte motorische Schwächen, Wahrnehmungsprobleme und war extrem langsam. Die Aufnahmefähigkeit war nahezu nicht vorhanden, und es gab viele weitere Auffälligkeiten.

Zum Gespräch erschienen beide Elternteile. Ich sprach zunächst die starke Aggression des Kindes an. Sofort wurde ich belehrt: Ihr Kind „schlage" nicht, es „haue" nur. Nach einer Klärung der Begriffe lenkten die Eltern schließlich ein und akzeptierten den Begriff „schlagen". Sie behaupteten zudem, das Verhalten habe erst mit der Schulzeit begonnen. Doch ich hatte von Mitschülern erfahren, dass das Kind bereits im Kindergarten ähnliche Verhaltensweisen gezeigt hatte. Das stritten die Eltern zunächst vehement ab, räumten es aber schließlich doch ein. Eine anschließende Rücksprache mit der ehemaligen Erzieherin bestätigte mir ein extrem auffälliges Verhalten des Kindes bereits in der Vorschulzeit.

Ich fragte die Eltern nach möglichen Therapieansätzen. Ihre Antwort war, das Kind werde immer von anderen provoziert und könne deshalb gar nicht anders handeln.

Während des Gesprächs suchte ich nach Ursachen für das Verhalten und brachte mögliche Diagnosen ins Spiel wie ADHS, LRS, Dyskalkulie oder Tourettesyndrom. Ich erklärte, dass Tests helfen könnten, bestimmte Probleme auszuschließen oder einzugrenzen. Besonders die starke Aggression des Kindes, die fast reflexartig auftrat, erinnerte mich an Symptome des Tourettesyndroms, bei dem körperliche Reaktionen unbewusst und ohne bewussten Impuls erfolgen. Wissenschaftlich ist belegt, dass solche Symptome mit Hyperaktivität gekoppelt sein können. Dieses Verhalten war bei dem Kind besonders auffällig: Wurde es nur leicht touchiert, schlug es sofort und mit voller Wucht zu – etwas, das ich in dieser Ausprägung zuvor noch nie erlebt hatte.

Mein Ansatz war, zunächst alle möglichen Ursachen zu prüfen, da Lernstörungen wie LRS oder Dyskalkulie häufig auffälliges Verhalten hervorrufen können. Doch meine Vorschläge stießen bei den Eltern auf völlige Ablehnung.

Sie waren erbost und gingen direkt zur Schulleitung. Besonders die Erwähnung des Tourettesyndroms schien sie zu verängstigen. Und wie reagieren viele Menschen in ihrer Angst? Sie greifen an. Man warf mir vor, vorschnelle Diagnosen zu stellen – allerdings nicht direkt im Gespräch, sondern hinter meinem Rücken. Die Eltern wandten sich an die Rektorin, statt ihre Sorgen und ihren Unmut direkt bei mir anzusprechen. Warum? Vielleicht waren sie geschockt?

Wenn ich als Elternteil erfahre, dass mein Kind überall aneckt, keine Freunde findet, weil es selbst auf Freundschaften aggressiv reagiert, und vermutlich schon einen langen Leidensweg hinter sich hat – sollte ich dann nicht alles daransetzen, Abhilfe zu schaffen? Mein Ziel wäre es doch, mein Kind aus dieser belastenden Lage zu befreien. Doch stattdessen wurden mir Vorschläge unterbreitet, wie ich mein Verhalten gegenüber dem Kind ändern sollte, damit es nicht ausrastet. Es wurde von mir erwartet, Vorfälle in der Pause oder im Unterricht durch Einzelgespräche mit dem Kind auf dem Flur zu klären – und das mehrfach täglich, nach jeder Pause. Das bedeutete, dass ich 26 andere Kinder unbeaufsichtigt lassen sollte, um mich einem einzigen Schüler zu widmen. Die Verantwortung wurde also vollständig auf mich und die anderen Kinder abgewälzt: Sie sollten sich zurückziehen, um das Kind nicht zu provozieren. Der Fokus lag darauf, dass alle anderen sich anpassen mussten – nicht das auffällige Kind.

Dieser Ansatz erinnerte stark an die Haltung, die offenbar schon im Kindergarten geherrscht hatte. Doch es kam noch schlimmer. Die Rektorin teilte mir mit, dass ich derartige Gespräche zu Beginn eines Schuljahres künftig unterlassen solle. Ihrer Ansicht nach müssten sich die Kinder erst eingewöhnen und entwickeln; vieles regle sich von allein. Meine eigenen Erfahrungen zeigten jedoch, dass frühes Eingreifen oft entscheidend ist – aber meine Argumente fanden kein Gehör. Weder meine Expertise noch mein Erfahrungsschatz wurden anerkannt. Die Meinung der Eltern hatte absoluten Vorrang.

Zu Beginn des zweiten Schuljahres war die Situation weiterhin ähnlich. Die Folge war: Ein Kollege, der neu mit in die

Klasse kam, weigerte sich, dort zu unterrichten. Dies führte zu erneuten, diesmal massiven Gesprächen mit den Eltern – nicht nur mit den Eltern dieses Kindes, sondern auch mit denen anderer auffälliger Schüler.

Es blieb ein bitterer Nachgeschmack, der zeigte, wie schwer es sein kann, in solchen Situationen Verständnis und Zusammenarbeit zu erreichen.

4.2 Das Verhalten der Eltern

Warum aber wenden sich Eltern, sobald ihnen eine Aussage oder Antwort einer Lehrkraft nicht gefällt, direkt an die Schulleitung?
Ich glaube, den Ursprung dieses Verhaltens erkannt zu haben. Wie bereits zuvor beschrieben, gibt es Parallelen zu den Reaktionen eines Kindes, dem etwas weggenommen wurde oder das einen Konflikt erlebt. Ein Kind, das sich in einer unangenehmen Situation befindet, sucht Unterstützung bei seinen Eltern, die dann helfend eingreifen sollen. Genau dasselbe Muster scheint sich bei den Eltern zu zeigen.

Wenn Eltern durch eine Lehrkraft mit einer unangenehmen Realität konfrontiert werden – zum Beispiel, dass ihr Kind nicht das Zentrum der Klasse ist oder Schwierigkeiten hat –, erleben sie das als „Verlust" einer Illusion. Um diese vermeintliche Kränkung zu kompensieren und Ansprüche einzuklagen, wenden sie sich an die „Mutter der Lehrkraft", also die Schulleitung. Dort erhalten sie Aufmerksamkeit und Unterstützung, die ihnen das Gefühl vermittelt, wichtig genommen zu werden und dass der Konflikt aus ihren Händen genommen wird. Die Schulleitung übernimmt somit die Rolle eines schützenden Elternteils, der den Eltern die Verantwortung abnimmt.

Dabei entsteht jedoch ein entscheidendes Problem: Das Prinzip „Hilf mir, es selbst zu tun" wird nicht angewandt. Den Eltern wird nicht gezeigt, wie sie mit solchen Situationen selbst umgehen können. Stattdessen werden sie in ihrer passiven Rolle belassen und ermutigt, immer wieder zur Schulleitung zu kommen, wenn ihnen etwas nicht gefällt. Dieses Verhalten etabliert eine Spirale: Eltern merken, dass ihre Anliegen auf diese Weise schnell Gehör finden und sie den Dialog mit der Lehrkraft umgehen können.

Die Folge? Statt Konflikte mit der Lehrkraft direkt zu klären, wird die Schulleitung zur zentralen Anlaufstelle. Die Eltern sparen sich den oft herausfordernden direkten Austausch und erleben, wie ihre Beschwerden auf höherer Ebene bearbeitet werden. Dabei wird die Lehrkraft häufig von der Schulleitung einbestellt, um sich zu rechtfertigen. Dies geschieht in einer Art „Antreten und Gewehr bei Fuß"-Manier, was weder zur Gleichberechtigung beiträgt noch dazu, die Autorität der Lehrkraft zu stärken.

Im Anschluss an solche Gespräche wird häufig ein gemeinsames Treffen zwischen Eltern, Lehrkraft und Schulleitung organisiert. Dieses Vorgehen signalisiert den Eltern: Ihr Anliegen wird ernst genommen, und ihren Wünschen wird entsprochen. Gleichzeitig werden die ursprünglichen Probleme der Eltern zu Problemen der Schulleitung – und letztlich wieder zu Problemen der Lehrkräfte. Für die Eltern entsteht dadurch der Eindruck, sie hätten an der Schule das Sagen. Anfangs vielleicht unbewusst, doch mit der Zeit wird diese Dynamik bewusst ausgenutzt. Die Eltern verlassen solche Gespräche mit einem Gefühl der Zufriedenheit, das sie motiviert, bei weiteren Missständen erneut zur Schulleitung zu gehen. Das wiederum verstärkt die Spirale.

Dieses Verhalten spricht sich unter den Eltern schnell herum. Allmorgendlich konnte ich Eltern vor der Schule beobachten, wie sie sich oft mit unterstreichender Gestik in emotionalen Dialogen austauschten. Auch die Lehrkräfte wissen um diese Dynamik und erleben sie regelmäßig. Die Folge ist, dass die Eltern zunehmend ihre Wünsche durchsetzen wollen – sei es bei der Sitzordnung, den Hausaufgaben oder anderen organisatorischen Angelegenheiten. Die Lehrkräfte werden dadurch zu Erfüllungsgehilfen der Eltern, während die Schulleitung oft als Vermittlerin fungiert.

Ein extremes Beispiel ist die Drohung der Eltern, ihr Kind von der Schule zu nehmen und auf eine „bessere" Schule zu wechseln, falls ihre Forderungen nicht erfüllt werden. Solche Drohungen erzeugen enormen Druck, da die Schulleitung befürchtet, das Ansehen der Schule könnte Schaden nehmen. Doch was bedeutet eigentlich „Ansehen" in diesem Kontext? Geht es um den Ruf der Schule bei den Eltern? Und falls ja, worauf legen Eltern bei diesem Ruf Wert?

Meiner Meinung nach liegt der Zweck einer Schule nicht primär darin, elternfreundlich zu sein. Der eigentliche Zweck sollte darin bestehen, die Kinder zu fördern, ihnen grundlegende Fähigkeiten und Wissen zu vermitteln und sie auf das Leben vorzubereiten. Elternfreundlichkeit darf dabei kein Selbstzweck sein, sondern sollte darauf abzielen, eine partnerschaftliche Zusammenarbeit im Sinne des Kindes zu fördern.

Natürlich steht es Eltern frei, die Schulleitung zu kontaktieren. Allerdings sollte dies erst nach mehreren Gesprächen mit der zuständigen Lehrkraft geschehen, wenn sich kein Konsens finden lässt. Der direkte Weg zur Schulleitung sollte die Ausnahme bleiben – nicht die Regel.

4.3 Der Ur-Zweck der Schule

Der Ur-Zweck einer Schule – unabhängig davon, welche Sie sich gerade vorstellen – sollte stets auf einer klaren Basis ruhen. Diese Basis lautet: **Motivation, Vertrauen und Achtung**. Nur wer diese drei Eigenschaften versteht und beherrscht, kann sie auch an andere weitergeben.

4.3.1 Motivation

Eine Rektorin oder ein Rektor, die wirklich verstanden haben, was Motivation bedeutet, wissen, dass Motivation nicht durch Druck oder Kontrolle entsteht. Sie wissen, dass echte Motivation darin besteht, ihre Mitarbeiter durch **Anerkennung, Unterstützung und gelegentliches Lob** zu inspirieren. Diese Form der Motivation führt dazu, dass Menschen aus eigener Überzeugung und mit Freude bessere Leistungen erbringen. Gepaart mit dem Gefühl der Wertschätzung und der Gewissheit, Teil eines unterstützenden Teams zu sein.

Doch wie verhält es sich, wenn ein Rektor hinter dem Rücken einer Lehrkraft Gespräche mit Eltern führt? Die Antwort ist eindeutig: Dieses Verhalten trägt in keiner Weise zur Motivation der betroffenen Lehrkraft bei. Solche Handlungen untergraben jegliche Motivation. Indem sich die Schulleitung die Beschwerden von Eltern – oft in Form von „Petzen" oder „Schelte" – anhört, wird nicht nur die Leistung der Lehrkraft angezweifelt, sondern auch ihre Professionalität infrage gestellt.

Diese „Petze" bedeutet, dass der Schulleitung Berichte über die Lehrkraft zugetragen werden, die oft aus dem Zusammenhang gerissen oder subjektiv eingefärbt sind. Indem die Schulleitung solchen Gesprächen Raum gibt, entsteht ein Ungleichgewicht:

- **Die Lehrkraft wird herabgewürdigt.**

- **Die Eltern erhalten das Gefühl, über der Lehrkraft zu stehen.**

- **Das Vertrauen der Lehrkraft in die Leitung wird zerstört.**

Ein Rektor, der sich auf solche Gespräche einlässt, zeigt den Eltern, dass er sich selbst über die Lehrkräfte stellt und deren Kompetenz nicht respektiert. Für die betroffene Lehrkraft führt das zu einer tiefen Kränkung, denn sie erfährt oft erst später von diesen Gesprächen – falls überhaupt. Was bleibt, ist das Gefühl, verraten worden zu sein.

Diese Art von Verrat untergräbt Motivation in jeder Form:

- **Verrat an der Person:** Die Lehrkraft fühlt sich nicht mehr als Teil des Teams, sondern bloßgestellt.

- **Verrat an der Kompetenz:** Die Fachkenntnisse und Fähigkeiten der Lehrkraft werden von der Schulleitung infrage gestellt.

- **Verrat an der Autorität:** Die Position der Lehrkraft wird geschwächt, während die Eltern gestärkt werden.

Umgekehrt gilt: Eine motivierende Schulleitung würde den Eltern klarmachen, dass hinter dem Rücken der Lehrkraft geführte Gespräche nicht akzeptabel sind.

Sie sollte unmissverständlich signalisieren, dass sie hinter ihren Lehrkräften steht und Beschwerden auf direktem Weg zuerst mit der Lehrkraft geklärt werden müssen – in einem offenen Dialog mit allen direkt Beteiligten.

4.3.2 Vertrauen

Vertrauen ist eine der wichtigsten Grundlagen für eine funktionierende Zusammenarbeit. Es entsteht, wenn sich alle Beteiligten sicher sind, dass sie am gleichen Strang ziehen und gemeinsame Ziele verfolgen. Doch was passiert, wenn hinter dem Rücken der Lehrkraft Gespräche geführt werden?

Das Vertrauen in die Schulleitung wird unwiederbringlich zerstört. Die betroffene Lehrkraft fühlt sich nicht nur im Stich gelassen, sondern auch respektlos behandelt. Schlimmer noch: Sie wird der Schulleitung und den Eltern in Zukunft mit Misstrauen begegnen.

Ein solcher Vertrauensbruch hat weitreichende Folgen:

- Die Lehrkraft empfindet sich nicht mehr als Teil eines unterstützenden Teams.

- Die Schulleitung verliert in ihren Augen an Vertrauenswürdigkeit.

- Die Eltern bekommen den Eindruck, dass die Lehrkraft nicht kompetent genug ist, ihre Anliegen selbst zu lösen.

Vertrauen ist das Fundament jeder funktionierenden Gemeinschaft. Wenn dieses Fundament bröckelt, wird die Zusammenarbeit durch Unsicherheit, Angst und Missverständnisse ersetzt. Das schadet nicht nur der Lehrkraft, sondern dem gesamten Schulklima.

4.3.3 Achtung

Achtung bedeutet, die Meinung und Erfahrung eines anderen zu schätzen – unabhängig davon, ob sie der eigenen Sichtweise entspricht. Achtung ist der Wille, sich selbst und seine Perspektive für einen Moment zurückzunehmen, um die

Sichtweise des anderen zu verstehen und daraus möglicherweise neue Erkenntnisse zu gewinnen.

Das bedeutet nicht, dass man die eigene Meinung aufgibt. Vielmehr ermöglicht dieser Perspektivwechsel einen Zugewinn an Verständnis und neuen Ansätzen. Eine Lehrkraft verdient allein durch ihre jahrelange Erfahrung Respekt und Anerkennung. Sie hat im Laufe ihrer Karriere unzählige Kinder begleitet und Herausforderungen gemeistert, die für Eltern oft neu und ungewohnt erscheinen.

Die Rolle der Eltern:

Eltern sollten die Expertise der Lehrkräfte achten, auch wenn deren Ansichten nicht immer mit dem eigenen Erfahrungsschatz übereinstimmen. Ein Moment des Nachdenkens – wie oben beschrieben – kann helfen, Situationen besser zu verstehen und gemeinsam Lösungen zu finden.

Die Rolle der Schulleitung:

Auch für die Schulleitung ist Achtung essenziell. Wenn hinter dem Rücken einer Lehrkraft mit Eltern gesprochen wird, zeigt das einen Mangel an Respekt gegenüber der Lehrkraft. Solche Gespräche verdeutlichen den Eltern, dass die Schulleitung sich von den Lehrkräften abhebt und diese nicht auf Augenhöhe behandelt. Dabei haben Lehrkräfte und Schulleitungen in der Regel die gleiche Ausbildung durchlaufen und verfügen über ähnliche Erfahrungen. Die Schulleitung sollte sich bewusst machen, dass die meisten Probleme, die Eltern vortragen, für die Lehrkräfte keineswegs neu sind. Auch wenn Eltern ihre Herausforderungen als einzigartig wahrnehmen, sind die zugrunde liegenden Muster der Lehrkraft oft vertraut.

4.3.4 Ein Plädoyer für Gleichwertigkeit

Motivation, Vertrauen und Achtung können nur gedeihen, wenn alle Beteiligten – Schulleitung, Lehrkräfte und Eltern – als **gleichwertig** angesehen werden.

- Die Schulleitung muss die Meinungen und Erfahrungen ihrer Mitarbeiter genauso schätzen wie ihre eigene.

- Die Lehrkräfte sollten die Sorgen und Ängste der Eltern ernst nehmen, die häufig aus Unsicherheit oder Unwissenheit entstehen.

- Eltern sollten den Lehrkräften Respekt und Vertrauen entgegenbringen, da diese darauf geschult und geprüft sind, jedes Kind individuell und mit Wohlwollen zu fördern.

Erst wenn Schulleitung und Eltern den Lehrkräften ihr uneingeschränktes Vertrauen schenken, kann eine wirklich fruchtbare Zusammenarbeit entstehen. Andernfalls wird das Schulklima von Misstrauen und Angst geprägt – zwei Faktoren, die jede Motivation im Keim ersticken.

Ein respektvoller Umgang auf Augenhöhe ist die Voraussetzung dafür, dass Kinder, Eltern und Lehrkräfte gemeinsam erfolgreich und zufrieden arbeiten können. Nur so kann Schule gelingen!

4.4 Eltern und ihr Misstrauen gegenüber Lehrkräften

Warum misstrauen Eltern Lehrkräften? Warum sprechen sie deren Kompetenz ab, indem sie sich sofort an die Schulleitung wenden? Was erhoffen sie sich davon? Ein genauerer Blick zeigt, dass manche Eltern (nicht die gesamte

Elternschaft!) oft ein Problem mit dem Konzept der Achtung und Wertschätzung von Erfahrung haben. Doch warum?

Für manche Eltern scheint die Tatsache, dass eine Lehrkraft über einen großen Erfahrungsschatz verfügt, beängstigend zu sein. Vielleicht entsteht diese Angst aus dem Gefühl, das eigene Kind bisher nicht wirklich wahrgenommen zu haben. Diese Eltern betrachten das Verhalten ihres Kindes als „normal", weil sie es so gewohnt sind.

Eine Lehrkraft, die viele Kinder erlebt und deren Verhalten im Klassenverband beurteilen kann, sieht möglicherweise eine Problematik, die den Eltern verborgen bleibt. Wenn die Lehrkraft dann zum Beispiel ein störendes Verhalten thematisiert – unterstützt durch Rückmeldungen anderer Kinder – und Lösungsvorschläge macht, wird dies von den Eltern oft zurückgewiesen. Sie kennen ihr Kind nicht anders und sind daher überzeugt, dass das geschilderte Verhalten nicht zutreffen kann.

Hier entsteht eine **Pattsituation**:

- Die Lehrkraft versucht, das Verhalten im Sinne aller Kinder, auch des störenden Kindes, zu verbessern.

- Die Eltern hingegen wehren sich vehement, da sie eine mögliche Andersartigkeit ihres Kindes nicht akzeptieren wollen.

Viele Eltern fürchten, dass durch die Hinweise der Lehrkraft ihre mühsam aufgebaute Fassade der Normalität einstürzt. Diese Eltern könnten tief im Inneren schon eine Ahnung davon haben, dass ihr Kind anders ist oder Defizite hat. Doch solange niemand diese Problematik anspricht, können sie diese Tatsache ausblenden oder schönreden. Sobald jedoch die Lehrkraft das Thema auf den Tisch bringt, wird dies als Angriff auf die eigene Erziehung und das Selbstbild gewertet.

Was passiert in solchen Fällen? Die Eltern gehen sofort zur Schulleitung, um ihre Sichtweise zu untermauern und sich Bestätigung zu holen. Dabei wird die Lehrkraft oft als unfähig oder sogar als Lügner dargestellt, um das eigene Bild der „sauberen Weste" aufrechtzuerhalten. Der Grund? Die Eltern könnten sonst mit der Möglichkeit konfrontiert werden, dass sie selbst Fehler gemacht oder in der Erziehung etwas Wesentliches übersehen haben.

Die Folgen:

- Die Eltern entziehen sich jeglicher Verantwortung für das Verhalten ihres Kindes.

- Sie geben die Schuld an Lehrkräfte weiter und schaffen sich damit einen Freibrief, um auch in der Zukunft keine Verantwortung übernehmen zu müssen.

- Das Kind lernt, dass es nicht kritisch über sein eigenes Verhalten nachdenken muss, da die Eltern es immer verteidigen.

4.4.1 Ein Beispiel aus der Praxis: Der Junge ohne Lesekenntnisse

Ein Junge wechselte in der zweiten Klasse bereits die dritte Schule. Die Mutter war frisch getrennt, lebte mit ihrer Mutter und Schwester zusammen und schien ihre ganze Sorge auf den Jungen zu projizieren. Der Junge war ihr Ein und Alles. Ihre ganze Sorge galt ihm. Dabei sah er nicht so aus, als müsste man sich ständig um ihn Sorgen machen. Er war sehr groß und stämmig, mit ausgeprägtem Selbstbewusstsein gesegnet und wusste ganz genau, was er wollte oder auch nicht wollte. Nun musste ich feststellen, dass dieser Junge nicht lesen konnte. Das Zusammenschleifen der Buchstaben gelang nicht. Auch das Schreiben einzelner Wörter und kleinerer Sätze nach Diktat waren ihm nicht mal im Ansatz möglich. Er hörte die Laute nicht heraus. Dies sind allerdings zwei grundlegende Voraussetzungen für das Arbeiten in der zweiten Klasse. Es fehlte hier ganz offensichtlich an Übung, sowohl im schulischen – das Schreiben nach Diktat – als auch im häuslichen Bereich. Die Lesefertigkeit kann nur in der Schule angebahnt werden, die Übung muss immer zu Hause erfolgen.

In der zweiten Jahrgangsstufe beginnt das sinnentnehmende Lesen verstärkt an Bedeutung zu gewinnen. Ebenso wird die Rechtschreibung verstärkt angebahnt, wozu das Kind die zumindest lautgetreuen Wörter schon nach Gehör schreiben können sollte. Beides war bei dem Jungen nicht vorhanden. Da das Schreiben nur rudimentär auf einzelne Buchstaben bezogen vorhanden war, konnte er auch die Hausaufgaben nicht vollständig abschreiben. Somit fehlten die Hausaufgaben überwiegend vollständig. Dies alles teilte ich der Mutter mit und wies darauf hin, dass eine Rückversetzung in die erste Klasse nicht ausgeschlossen sei, wenn sich diese Defizite bis Weihnachten nicht gebessert hätten. Der Junge wäre aufgrund der bestehenden Defizite momentan schlichtweg überfordert. Ich machte ihr auch ihren Anteil an der Lösung dieses Problems deutlich und stellte konkrete Anforderungen an die Mutter wie täglich zehn Minuten lesen üben, Wörter mit zwei bis vier Buchstaben aufschreiben lassen sowie täglich die Hausaufgaben kontrollieren.

Was jetzt kam, war für mich wieder einmal überraschend. Sie drehte sich um, sagte keinen Ton und ging schnurstracks zur Konrektorin – die Rektorin war gerade nicht da. Das erfuhr ich alles nach einem Termin bei dieser. Hier zeigt sich wieder einmal das Verhaltensmuster der fehlenden Sozialfähigkeit: Mir gefällt nicht, was ich da höre, also gehe ich zu jemand anderem, der mir entgegenkommt.

Die Mutter war aufgelöst und schilderte der Konrektorin das Gespräch in völlig anderem Licht. Hier zeigt sich wieder das Muster der Überforderung: Sobald ein Problem auftritt, wird nicht nach Ursachen gesucht, sondern panisch nach einem „Rettungsanker". Die Verantwortung wird abgegeben, und statt die Anregungen der Lehrkraft zu reflektieren, wird diese als Gegner betrachtet.

4.4.2 Ein weiteres Beispiel: Der Junge mit den Mitbringseln

Ein Kind kam in die erste Klasse und war von Anfang an auffällig. Auch nach einem Jahr konnte dieses Kind sich noch nicht melden, es rief wie selbstverständlich alle Antworten oder spontanen Einfälle, ohne sich zu melden, in die Klasse. Auch konnte das Kind neben keinem anderen Kind sitzen, ohne es massiv zu ärgern. Zudem hampelte es auf seinem Stuhl herum, mit dem es regelmäßig umfiel. Allein schon ganz normal hinsetzen war diesem Kind nicht möglich. Die Beine befanden sich stets außerhalb der Bank und wurden ständig zu Stolperfallen für andere Kinder. Die Stimmlage war immer im oberen Tonbereich. Dies alles schien ihm nicht bewusst. Alle eingeleiteten Maßnahmen zeigten keinen Erfolg. Dieses Kind reagierte auf keine Ansage. Dabei war das Kind nicht hyperaktiv, es war meines Erachtens nur nicht entsprechend auf die Schule vorbereitet. So dachte ich jedenfalls. Nach mehreren Gesprächen kam die Hilflosigkeit der Mutter heraus. Sie schob das Verhalten des Kindes auf den Erziehungsstil des Nichtbeachtens durch den Vater. Die Kinder schienen ihm gleichgültig und daher versuchten sie ständig, durch besonderes Hervortun seine Aufmerksamkeit zu erregen. Es stellte sich heraus, dass dieses Verhalten bei beiden Geschwistern auch schon die Kindergartenzeit geprägt hatte. Die Mutter war der Klagen absolut müde, hatte aber bisher in diesem Bereich keine Hilfe in Anspruch genommen. Laut Kindergartenauskunft würde sich das auswachsen, wenn er die geistige Einsicht bekäme. Diese Hoffnung zerbrach nun mehr und mehr.

Nun brachte dieser Junge regelmäßig irgendein Spielzeug mit in die Schule. (Eines der seltsamsten Teile war ein Heftpflaster mit einer daran angebrachten Attrappe eines Metallnagels. Dieses konnte man sich wie einen Ring auf den Finger schieben und es sah dann so aus, als hätte man sich einen Nagel durch den Finger getrieben, mit den entsprechenden Blutspuren drumherum.) Viele dieser Sachen weckten bei den Mitschülern Begehrlichkeit und waren sehr schnell nicht mehr auffindbar oder anschließend kaputt. Eines dieser Mitbringsel war ein Roller-Pen. Zwei seiner Nachbarn gegenüber hatten so einen Stift und es gab keine Probleme. Sie fragten stets, wenn sie damit schreiben wollten. Die Stifte wurden nicht groß herumgezeigt. Anders war es bei diesem Jungen. Wie mit allen anderen Sachen musste er zeigen, dass er jetzt auch so einen Stift hatte – in gleicher Art und Farbe wie seine Gegenüber. Er nahm ihn auseinander, spielte mit der Tintenpatrone herum etc. Und nach wenigen Tagen war dieser Stift verschwunden. Die beiden anderen Kinder hatten ihren Stift nach wie vor. Ich half mit suchen, alle Kinder schauten auch noch einmal nach. Und nun kam der Satz des Anstoßes meinerseits. Ich sagte zu dem Kind: „Warum bringst du auch immer so etwas mit!"

Sie können sich denken, wer am nächsten Morgen im Klassenraum stand. Die Mutter! Gar nicht mehr hilflos, sondern sehr bestimmend und direkt. Wie ich denn so etwas sagen könnte? Die anderen Kinder hätten doch auch solche Stifte etc. Erstaunlich daran war für mich, dass sich dieser Junge nicht *eine* Ermahnung merken konnte, seine Ohren schienen ständig auf Durchzug gestellt. Aber diesen Satz brachte er wortgetreu nach Hause. Warum konnte er sich diesen einen Satz merken, alles andere aber gar nicht?

Er wusste, wie er Mamas Aufmerksamkeit erhielt. Wenn andere Menschen über ihre Sprösslinge etwas sagen, verteidigt die Mutter ihre Kinder. Das ist ein ganz normaler Vorgang. Aber warum musste sie sich hier verteidigen bzw. mich als Lehrkraft angreifen? Hatte sie dem „Gequengel" des Sohnes wieder einmal nachgegeben und ihm in diesem Fall einen unnötigen Stift gekauft (Ein Bleistift wäre hier besser gewesen!), daraufhin natürlich ein schlechtes Gewissen bekommen? Wie schon so oft? Das wäre natürlich unangenehm.

Und dieses Gefühl wollte die Mutter loswerden. Wie konnte sie das am besten? Indem sie an jemand anderen das schlechte Gefühl weitergab. „Den greife ich jetzt an und sag ihm meine Meinung! Und schon geht es mir besser. Denn ich bin ja im Recht!" Was merkte sich das Kind aus dieser Geschichte? „Ich kann so weitermachen wie bisher, meine Mutter verteidigt mich." Ist das zum Wohle des Kindes?

Was lernt das Kind aus diesem Verhalten?

- Es kann weitermachen wie bisher, da die Mutter es immer verteidigt.

- Es lernt nicht, Verantwortung für das eigene Handeln zu übernehmen.

4.4.3 Ein Teufelskreis der Verantwortungslosigkeit

Eltern, die sich nicht kritisch mit dem Verhalten ihres Kindes auseinandersetzen, verweigern auch dem Kind die Möglichkeit, sich selbst zu reflektieren. Sie greifen auf Verhaltensmuster zurück, die sie möglicherweise selbst in ihrer Erziehung erfahren haben.

Doch wo liegt die Lösung?

- **Ehrlicher Dialog**: Eltern und Lehrkräfte müssen sich auf Augenhöhe begegnen und Probleme gemeinsam angehen.

- **Akzeptanz von Verantwortung**: Eltern müssen bereit sein, Fehler einzugestehen und Verantwortung zu übernehmen – für die Vergangenheit und die Zukunft.

- **Fokus auf das Wohl des Kindes**: Kritisches Feedback ist nicht gegen das Kind gerichtet, sondern eine Chance, es zu unterstützen.

4.4.4 Fazit: Warum Achtung der Schlüssel ist

Wenn Eltern ihre eigene Angst vor Fehlern und Verantwortung überwinden, entsteht Raum für eine konstruktive Zusammenarbeit mit Lehrkräften. Das Kind steht dabei im Mittelpunkt.

Nur durch eine partnerschaftliche Haltung und gegenseitigen Respekt können Eltern und Lehrkräfte gemeinsam das Beste für die Kinder erreichen.

4.5 Gründe für das Verhalten der Eltern

4.5.1 Woher kommt dieses seltsame Verhalten einiger Eltern?

In meiner Kindheit mussten Kinder Konflikte meist selbstständig und allein lösen. Doch wie hat sich der Wandel von einem konfliktfähigen, eigenständigen Kind hin zu einem hilflosen, oft nicht konfliktfähigen Kind und späteren Erwachsenen vollzogen?

Nach dem Zweiten Weltkrieg, während des Wiederaufbaus und des Wirtschaftswunders entstand langsam die Mentalität: **„Mein Kind soll es einmal besser haben."** Anfangs bezog sich das vor allem auf materielle Güter: bessere Kleidung, mehr Spielzeug, reichlich Nahrung. Mit der Zeit wurde auch die Bildung immer zentraler. Jedes Kind sollte – ungeachtet der finanziellen Lage der Familie – die Chance auf höhere Bildung erhalten. Der Wohlstand wuchs, und auch die Möglichkeiten erweiterten sich.

Bis in die 1960er- und 70er-Jahre war es selbstverständlich, dass Kinder zu Hilfsdiensten im Haushalt herangezogen wurden. Doch in den 1980er-Jahren begann ein Wandel. Immer mehr Mütter gingen arbeiten. Waren sie zuvor überwiegend zu Hause und strukturierten den Tagesablauf ihrer Kinder, mussten diese nun öfter betreut werden. Die Familie und Gesellschaft standen unter einem neuen Einfluss: der Emanzipation. Frauen traten zunehmend in die Berufswelt ein, ein über Jahrhunderte bestehendes Rollenmodell wurde aufgebrochen.

Doch der gesellschaftliche Wandel vollzog sich nicht ohne Widerstände. Berufstätige Mütter wurden mit einem schlechten Gewissen konfrontiert – oft auch von ihrem Umfeld. Um dieses Gefühl zu kompensieren, schenkten sie den Kindern vermehrt Aufmerksamkeit, wenn sie zu Hause waren, und erfüllten fast jeden Wunsch. Das Kind rückte in den Mittelpunkt und wurde zunehmend mit Materiellem überhäuft. Schließlich wollte man ihm das Gefühl geben, nicht benachteiligt zu sein.

4.5.2 Vom „schlechten Gewissen" zum Sockelkind

Die Folge dieses Prozesses war gravierend: Kinder wurden buchstäblich auf einen *Sockel* gehoben, den sie im Erwachsenenalter kaum verlassen. Ihnen wurde vermittelt, dass ihre bloße Existenz ausreicht, um Anspruch auf uneingeschränkte Aufmerksamkeit und Anerkennung zu haben – und das nicht nur von den Eltern, sondern von allen Mitmenschen.

Früher gaben Eltern ihren Kindern morgens mit auf den Weg: *„Sei leise, benimm dich, zeig auf, wenn du etwas sagen willst, und mach keinen Ärger. "* Heute kommen manche Kinder in die Schule und erwarten, im Mittelpunkt zu stehen. Bleibt diese Aufmerksamkeit aus, wird der Lautstärkepegel erhöht.

4.5.3 Die Rolle der antiautoritären Erziehung

Ein weiteres Kapitel in diesem Wandel war die Einführung der *antiautoritären Erziehung*. Dabei handelt es sich um einen Ansatz, der Kindern weitgehend freie Hand lässt, ohne strenge Regeln, Grenzen oder elterliche Kontrolle. Ziel war es, den Kindern möglichst früh eigene Erfahrungen zu ermöglichen und sie frei von elterlicher Beeinflussung aufwachsen zu lassen.

Doch in der Praxis entglitt vielen Eltern dieses Konzept. Kinder bekamen keine Struktur und keine Regeln – manche konnten sogar selbst entscheiden, wann, wo und was sie essen oder wann sie schlafen wollten. Auch das Schulsystem experimentierte: Kinder sollten aus eigenem Antrieb lernen, ohne Druck oder Anforderungen. Die Idee, dass jedes Kind von Natur aus lernwillig sei, scheiterte jedoch. Man erkannte, dass viele Kinder Anregungen, Wettbewerb oder liebevollen Druck benötigen, um sich zu motivieren.

Eine Anekdote illustriert das Problem der antiautoritären Erziehung:

Eine Mutter steht mit ihrem Kind und einem Einkaufswagen in der Schlange vor der Kasse. Das Kind tritt wiederholt einem Mann hinter ihm gegen die Beine. Als der Mann die Mutter auffordert, das Verhalten zu unterbinden, entschuldigt sie sich: *„Es tut mir leid, mein Kind ist antiautoritär erzogen."*

Ein weiterer Kunde greift daraufhin ein Honigglas, öffnet es und kippt den Inhalt über das Kind. Als die Mutter empört reagiert, entgegnet der Mann: *„Ich bin ebenfalls antiautoritär erzogen."*

Diese Begebenheit zeigt das Kernproblem: Ohne Regeln und Grenzen entwickelt ein Kind keinen Respekt für die Mitmenschen. Es wird egozentrisch und verfolgt ausschließlich seine eigenen Bedürfnisse – auch auf Kosten anderer. Mit zunehmendem Alter wird es immer schwieriger, diesen Charakterzug zu korrigieren, da ältere Kinder und Erwachsene sich Regeln und Strukturen oft vehement widersetzen.

4.5.4 Die Folgen: egoistische Kinder, egoistische Erwachsene

Ohne eine klare Struktur und Erziehung lernen Kinder weder, Verantwortung zu übernehmen, noch, Konflikte selbstständig zu lösen. Stattdessen entwickeln sie ein starkes Anspruchsdenken, das von der Familie in die Gesellschaft getragen wird. Als Erwachsene fordern sie weiterhin Aufmerksamkeit und Anerkennung ein, ohne Rücksicht auf andere oder die Konsequenzen ihres Verhaltens.

Früher war der Satz **„Was Hänschen nicht lernt, lernt Hans nimmermehr"** eine Mahnung, Kinder frühzeitig auf den richtigen Weg zu bringen. Heute zeigt sich immer deutlicher, wie wichtig er ist. Denn ein Kind, das weder Grenzen noch Verantwortung kennt, wird zu einem Erwachsenen, der diese ebenfalls nicht anerkennt – mit weitreichenden Auswirkungen für die Gesellschaft.

5. Was passiert, wenn Kinder keine Grenzen und kein Verantwortungsgefühl mehr kennen?

Die Folgen sind täglich in den Zeitungen und im Fernsehen zu beobachten. Sie resultieren aus Egoismus, einer Ellbogenmentalität und einem übersteigerten Selbstwertgefühl, begleitet von einer unbewussten Angst vor allem Neuen und Unbekannten. Diese Entwicklungen führen zu wachsender Unzufriedenheit, ohne dass die Menschen genau wissen, warum. Denn Menschen brauchen Herausforderungen und Ziele. Doch all das haben viele nie wirklich kennengelernt.

5.1 Kinder lernen keine Sozialfähigkeit mehr

Kann ein Kind bei dieser Verhaltensstruktur sozialfähig werden? Nein!

Was bedeutet jedoch Sozialfähigkeit? Laut Fremdwörterbuch bezeichnet „sozial" alles, was die Gemeinschaft oder Gesellschaft betrifft. Es bedeutet auch, die Normen einer Gesellschaft zu respektieren und dieser zu dienen sowie in einer Gemeinschaft gesellig zu leben.

Sozialfähigkeit umfasst somit, die Normen und Regeln einer Gesellschaft zu erkennen und zu respektieren, um Teil dieser Gemeinschaft zu sein und in ihr zu leben. Um in einer Gemeinschaft gesellig und nicht isoliert zu leben, muss man sich an die bestehenden Regeln halten. Dazu gehört, dass man diese Normen kennt und ihnen folgt. Nur so kann man ein harmonisches Zusammenleben ermöglichen.

In einer Gesellschaft von Egoisten lebt jeder nur für sich selbst. Ich las kürzlich an einer Hauswand: „Die Leute sagen immer, die Zeiten werden schlimmer. Die Zeiten bleiben immer, die Leute werden schlimmer."

Ein Egoist ist jemand, der nur auf die eigenen Bedürfnisse schaut und diese stets an die erste Stelle stellt. Natürlich muss man sich wehren, wenn man ungerecht behandelt wird. Doch für viele Eltern und Kinder hat sich das Verständnis von Ungerechtigkeit verändert. Ungerechtigkeit wird oft bereits dann empfunden, wenn ihre eigenen Bedürfnisse nicht erfüllt werden. Die Grenzen haben sich so weit verschoben, dass das „normale" Gerechtigkeitsgefühl abhandengekommen zu sein scheint.

Natürlich hat jedes Elternpaar eigene Erziehungsmethoden entwickelt. Man bekommt ja nach wie vor kein Handbuch bei der Geburt seines Kindes ausgehändigt. Dabei könnte es jedoch hilfreich sein, aus Aussagen von Außenstehenden eine Essenz für sich zu ziehen. Und diese mit etwas Abstand betrachten. Eltern könnten auch versuchen, die Sichtweise der Mitmenschen mit einzubeziehen.

5.1.1 Elternabende und Gespräche mit Eltern

Das beste Beispiel dafür erlebte ich bei einem Elternabend. Wenn ich während eines Elternabends von einer Mutter verbal angegriffen werde zu einem Thema, das ich bereits vor drei Monaten angesprochen hatte, zu einem Vorfall, der nur ihr eigenes Kind betrifft, weiß ich, dass hier keine guten Umgangsformen herrschen. Aber lassen Sie mich von Anfang an erzählen.

Es sollte mittlerweile allgemein bekannt sein, dass die Ernährung von Kindern von besonderer Bedeutung ist. Ich spreche hier aus eigener Erfahrung: Mein Sohn hatte eine Lebensmittelallergie, die eine ausgeprägte Hyperaktivität zur Folge hatte, ausgelöst durch Zucker und Weizenmehl.

Bei einem Elternabend in einer vierten Klasse waren die Eltern mehr als erstaunt, als ich über die Auswirkungen von allergieauslösenden Lebensmitteln, insbesondere Zucker und Weißmehl, sprach. Ich war von den Reaktionen der Eltern überrascht. Wie kann man als Eltern drei Schuljahre der eigenen Kinder verleben, ohne sich über Ernährung Gedanken gemacht zu haben? Glauben diese Eltern wirklich alles, was im Fernsehen gesagt wird? Und ignorieren sie all die Berichte, die die negativen Seiten dieser Produkte anprangern, wie Zucker, Farbstoffe und Co.? Ich konnte es kaum fassen.

Auch über den normalen Prozess im Körper beim Abbau bestimmter Lebensmittel waren viele dieser Eltern nicht informiert. Ich erklärte, dass Zucker und Weißmehl schnell in den Muskeln verbrannt werden und dadurch Energie freisetzen, die sofort umgesetzt werden will. Dies führt zu einer hohen Unruhe nach der Pause, da die Kinder sich nicht mehr konzentrieren können und sehr aktiv werden. Wenn sie zum Frühstück bereits zuckerhaltige Lebensmittel gegessen haben, kommen sie entsprechend unruhig in die Schule. Zucker hat zudem die Eigenschaft, die Bauchspeicheldrüse zu einer großen Insulinausschüttung anzuregen, was auf Dauer gesundheitsschädlich ist und zu Diabetes führen kann – eine Krankheit, die heutzutage bereits Kinder betrifft und früher nur ältere Menschen traf.

Nach diesem Gespräch brachten die Kinder der vierten Klasse plötzlich gesünderes Essen mit: Vollkornbrot, Wurst oder Käse und Obst oder Gemüse. Auch die Getränke wurden zuckerfrei. Sie vertrauten mir und wollten das Beste für ihr Kind.

Doch bei der darauffolgenden ersten Klasse erlebte ich eine andere Reaktion. Auch hier erzählte ich den Eltern von den Auswirkungen der Ernährung. Dies war nicht dazu gedacht, sie zu bevormunden oder mit meinem Wissen zu prahlen, sondern ich wollte aus eigenen, leidvollen Erfahrungen berichten: Mein Sohn hatte auch als Kind Symptome von Hyperaktivität bei unterschiedlichen Lebensmitteln gezeigt und darunter gelitten, und ich wollte jedes Kind davor bewahren. Wenn ein Kind gesund ist, gibt man ihm natürlich auch das, was es gerne isst, doch es ist wichtig, dabei auf die Wirkung von Lebensmitteln zu achten. Ich verbiete keinem Kind Süßigkeiten, aber ich sage, dass sie nachmittags gegessen werden sollten, da auch Nichtallergiker diese Symptome des Zappelns, der anschließenden Müdigkeit und Unkonzentriertheit erleben.

Doch die Reaktion der Eltern nach dem ersten Elternabend war anders. Tage später wurde ich von der Rektorin zu einem Gespräch gebeten. Sie sagte mir, ich solle meine Erfahrungen für mich behalten, da sie niemanden interessieren würden. Einige Eltern hatten sich bei ihr beschwert. Beim nächsten Elternabend wurde ich dann von einer Mutter direkt angegriffen. Sie fragte mich, was mir einfiele, Ernährungsvorschriften zu machen und ihren Sohn nach einem Vollkornbrot zu fragen. Ich wusste sofort, dass sie bei der Rektorin „geklagt" hatte. Eine Trittbrettfahrerin gab es auch. Sie sehe nicht ein, warum ihr Sohn Vollkornbrot essen solle.

Die beiden betroffenen Kinder waren sehr auffällig: Sie hatten zum Frühstück immer stark zuckerhaltige Milch-Snacks dabei. Ein Junge war auch motorisch schwach, er schaffte es nicht, diese kleinen Becher innerhalb der zehnminütigen Frühstückspause zu leeren. Da er auch noch anderes Essen dabeihatte, wurde er nie satt. Der andere hatte Gewichtsprobleme. Und leider immer nur diesen kleine Milchsnack dabei. Die Mütter verteidigten weiterhin ihr Verhalten und wollten scheinbar Genugtuung. Sie hatten ja offensichtlich die Rückendeckung der Rektorin. Anstatt zu überlegen, ob ihre Kinder durch die Ernährung beeinflusst wurden, griffen sie mich weiter an. So musste ich dann die Auffälligkeiten der Kinder, die ich unter anderem auch auf die Ernährung zurückführte, beim Elternabend erläutern. Das schien den Eltern aber nur recht zu sein.

Nach dem Elternabend kamen einige andere Mütter zu mir und sagten, wie man nur so dumm sein könne und ein persönliches Problem vor der ganzen Gruppe erörtern wolle. So etwas mache man doch unter vier Augen aus.

Bis zur Ausgabe der ersten Zeugnisse zeigte sich leider kein Fortschritt im Verhalten des Jungen. Trotz guter fachlicher Leistungen war sein Verhalten weiterhin sehr auffällig. Egal, wo er saß, er sprach laut mit dem Nachbarn. Saß er allein, dann sprach er über die Köpfe hinweg mit anderen Kindern. Er hörte nicht zu, konnte nichts wiederholen, meldete sich nie, sondern sprach gleich, ohne zu warten, ob vielleicht gerade jemand anderes sprach. Er wurde mit keiner Sache fertig, Hausaufgaben aufzuschreiben gelang ihm nicht, er kam beim Schreiben nicht mit, kein Bild wurde fertig etc. Dabei war der Junge nicht dumm. Seinen Äußerungen wie auch seinen schriftlichen Leistungen konnte man entnehmen, dass er mitdachte, allerdings sehr langsam. Seine fachlichen Leistungen wurden daher im Zeugnis sehr hervorgehoben, die Verhaltensauffälligkeiten aber nicht vergessen.

Es kam wieder ein Elternnachmittag im Anschluss an die Zeugnisausgabe. Es kam niemand. Abends war Stammtisch. Am nächsten Tag sah ich die Mutter dieses Jungen vor dem Rektorat mit einer anderen Mutter, das Zeugnis in der Hand. Ich hätte mir eigentlich denken können, was wieder auf mich zu käme. Ich wurde wieder zur Rektorin zitiert. Frau Soundso hätte sich über das Zeugnis beschwert etc. Ich sollte mir überlegen, ob ich es eventuell umschreiben könnte.

Sie können sich vorstellen, was da in mir vorging. Die Eltern sind wieder mal König. Ich rief die Mutter an und fragte: „Sie haben ein Problem mit dem Zeugnis?" Ihre Antwort: Es könne doch nicht sein, dass sich das Verhalten ihres Sohnes im ganzen Schuljahr überhaupt nicht verbessert habe. Und man hätte das doch etwas umschreiben können. Ich antwortete, dass das Verhalten leider überhaupt nicht besser, sondern höchstens noch schlimmer geworden sei und dass sie ja auf meine Hilferufe bisher nicht reagiert habe. Außerdem fühlte ich mich durch ihr Verhalten hintergangen, nicht mit mir, sondern mit der Rektorin das Problem besprochen zu haben. Die Antwort der Mutter: Ja, sie habe mich nicht gesehen. Und was war auf dem Flur? Am Schluss brach sie das Gespräch unter Tränen ab.

Ich machte der Mutter bei einem späteren Gespräch den Vorschlag, ihren Sohn im Unterricht zu beobachten, und sprach das auch vorher mit der Rektorin ab. Nach den Ferien kam diese Mutter und setzte sich als „Mäuschen" hinten in die Klasse. Den Kindern erklärte ich, dass die Mutter „Mäuschen spielt". Nach diesem Besuch war die Mutter am Boden zerstört. Sie hielt nur zwei Stunden durch. Unter Tränen erzählte sie mir, sie habe nicht gedacht, dass es so schlimm sei. Ab diesem Zeitpunkt hatte ich regelmäßig einige Mütter der auffälligen Kinder hinten in der Klasse sitzen.

Auch hier zeigte sich wieder, wie Eltern ihre eigenen Bedürfnisse über die Realität stellen und die Verantwortung nicht übernehmen möchten. Diese Erlebnisse verdeutlichen, wie eine mangelnde Bereitschaft, sich auf die Meinungen und das Wissen anderer einzulassen, zu Konflikten und Missverständnissen führen kann. Die Bereitschaft, zu lernen und Verantwortung zu übernehmen, ist in vielen Fällen stark ausgeprägt – leider jedoch nicht bei allen.

5.1.2 Unterschiedliche Reaktionen vonseiten der Eltern

Die folgenden Abschnitte zeigen, wie Eltern in Bezug auf ihre Kinder sehr unterschiedlich reagieren, vor allem wenn es um die Wahrnehmung von Fortschritten und schulischen Leistungen geht. Es wird deutlich, dass ein konstruktiver Dialog zwischen Lehrkräften und Eltern oft schwierig ist, insbesondere wenn unterschiedliche Erwartungen und Wahrnehmungen aufeinandertreffen.

Zu Beginn des zweiten Schuljahres hatte ich das Fach Mathematik an einen Kollegen abgegeben, der zuvor an einer anderen Schule eingesetzt worden war. Auch er stieß auf ähnliche Schwierigkeiten, wie ich sie zu Beginn erlebt hatte. Manche Kinder testen zunächst, wie weit sie ihre Lehrer herausfordern können. Nachdem auch dieser Kollege alle Maßnahmen zur Ruhigstellung der Klasse ausgeschöpft hatte, entschied er sich, das Fach nicht weiter zu unterrichten. Es fand ein Elternabend statt, bei dem die Elternvertreter verschiedene Lösungen vorschlugen: die Unterstützung durch eine Sozialarbeiterin, Eltern, die als „Mäuschen" im Unterricht sitzen, und sogar die Motivation durch weitere Anreize. Besonders eine Mutter äußerte Kritik an meiner Ablehnung der Korrektur eines Mathe-Übungshefts, das ihre Tochter während der Ferien bearbeitet hatte. Ich sah mich wieder in der Position, mich rechtfertigen zu müssen, während die Rektorin keine Stellung nahm, was mich einmal mehr enttäuschte. Ich hätte erwartet, dass sie dem entgegengetreten wäre mit der Aussage, dass das gerade nicht Thema unseres Gespräches sei und nicht hierhergehöre. Auch sagte die Mutter mir nicht persönlich, dass ihr meine – angebliche – Aussage zu dem Heft nicht gefallen habe. Sie war schließlich jeden zweiten Tag, wenn sie nicht arbeitete, in der Schule. Nein, sie wartete diesen Moment ab und hatte ihren großen Auftritt.

Ich machte nicht zum ersten Mal die Erfahrung, dass verbale Angriffe von Eltern in öffentlichen Foren die Motivation eines Lehrers nicht steigern können. Gerade diese Mutter, die in der Vergangenheit mehrfach betont hatte, ihre Tochter sei hochbegabt und bereits mit fünf Jahren eingeschult worden, trat wieder mit einer öffentlichen Kritik auf. Dabei stellte sie ihr Kind erneut in den Mittelpunkt, um auf vermeintliche Mängel hinzuweisen. Das hochbegabte Mädchen hatte im Verlauf des Schuljahres zusätzliche Aufgaben übernommen, wie zum Beispiel anderen, schwächeren Kindern etwas noch einmal zu erklären und bei Arbeiten zu helfen. Bei einem Mathe-Übungsheft hatte sie jedoch nicht selbstständig gearbeitet. Trotz mehrfacher Hinweise von mir, diese Aufgabe zu erledigen, zog sie es vor, sich mit anderen Kindern ablenken zu lassen.

Am Ende des Schuljahres erklärte ich den Kindern, dass sie ihre Verbesserungen an ihren Übungsheften nun zu Hause mit ihren Eltern besprechen sollten. Diese Information schien klar zu sein, aber das hochbegabte Kind verstand sie anders. Es hatte erst zu diesem Zeitpunkt eine Aufgabe erledigt, die viele Kinder längst abgeschlossen hatten. Die Mutter erwartete nun, dass dieses Kind eine gesonderte Anerkennung für diese verspätete Leistung erhielt. Dies konnte ich jedoch nicht befürworten, da ich jedes Kind gleichbehandle – unabhängig von der Begabung.

Das zeigt die Schwierigkeit, mit Eltern zu kommunizieren, die ihre Kinder oft auf eine Weise betrachten, die nicht immer die Realität widerspiegelt. Jeder Schüler hat seinen eigenen Weg und seine eigenen Herausforderungen, und es ist wichtig, dass Eltern das verstehen und die Bemühungen der Lehrkräfte anerkennen, die auf die individuellen Bedürfnisse jedes Kindes eingehen.

In einer Gesellschaft, in der immer mehr Eltern ihre eigenen Vorstellungen und Wünsche durchsetzen wollen, bleibt es schwierig, klare und faire Erziehungsmethoden zu etablieren. Dies führt zu Konflikten und Missverständnissen, die nicht nur die Lehrer, sondern auch die Kinder belasten. Letztendlich ist es wichtig, dass jeder die Verantwortung für das Wohl des Kindes übernimmt und anerkennt, dass es nicht nur darum geht, Erfolge zu erzielen, sondern dass jedes einzelne Kind persönlich wachsen kann und unterstützt wird.

5.2 Kinder lernen keine Konsequenzen mehr

Es ist für mich schwer verständlich, wie viele Eltern in Bezug auf ihre Kinder reagieren. Lassen sie sich von der Illusion blenden, dass ihr Kind in der Schule anders ist als zu Hause? Verschließen sie die Augen vor den Auffälligkeiten ihres Kindes, weil es schwer zu akzeptieren ist, was sie nicht wahrhaben wollen?

Wenn ich als Elternteil zu Hause keinen erzieherischen Ansatz finde, dann gebe ich mein Kind in die Schule und übertrage die Verantwortung dafür den Lehrkräften. Ich habe oft Diskussionen von Müttern mit ihren Kindern vor der Klassenzimmertür verfolgt und verstehe nun, warum diese Kinder mit mir ebenso diskutieren wollen und einfach nichts so akzeptieren, wie es ist. Der herablassende Ton, den Kinder gegenüber ihren Eltern anschlugen, war erschreckend. Und natürlich versuchten sie es auf die gleiche Weise bei mir. Aber das funktionierte nicht. Ich musste klar und deutlich werden.

Die Eltern riefen das Kind mit seinem Namen. Es hörte nicht, auch nach mehrmaligem Rufen hörte es nicht. Auch ich rief das Kind mit seinem Namen. Auch bei mir hörte es nicht. Wenn es beim zweiten Mal immer noch nicht reagierte, wurde ich lauter. Sollte dies nicht ausreichen, war es nicht ungewöhnlich, dass die Kinder zu einer halben Seite mit der schriftlichen Aufgabe „Ich höre und reagiere, wenn ich gerufen werde" aufgefordert wurden, wenn sie auch beim dritten Mal nicht auf ihren Namen hörten. Und natürlich wartete ich dann auf eine mütterliche Reaktion. Es war sehr anstrengend, aber ohne Konsequenz funktioniert es nicht. Konsequenz ist mühsam und anstrengend, aber für die Erziehung unerlässlich.

Wir als Lehrkräfte müssen uns diesem täglichen Kampf stellen. Nachzugeben ist einfach, übersehen noch viel einfacher. Aber was hilft dem Kind auf seinem Weg zur Sozialkompetenz am besten? Klare Linien. Linien, auf die sich das Kind jeden Tag verlassen kann. Und das bedeutet, dass alle Erziehenden – die Eltern, die Großeltern, die Erzieher im Kindergarten, die Lehrkräfte sowie die Rektoren und Konrektoren – die gleichen Erziehungsgrundsätze vertreten sollten. Es erfordert eine solide Basisarbeit und das Entwickeln gemeinsamer Linien.

Oft haben die Großeltern hier Schwierigkeiten. Da sie die Enkelkinder meist nur gelegentlich sehen, möchten sie besonders nett zu ihnen sein. Dies bedeutet oft, dass sie Dinge durchgehen lassen, die das Kind zu Hause nicht darf. Anfangs ist das vielleicht noch unproblematisch, doch mit zunehmendem Alter des Kindes und wachsendem Anspruchsdenken wird es problematisch. Irgendwann sehen sich die Großeltern gezwungen, Regeln aufzustellen, was vom Kind nicht mehr akzeptiert wird. Denn es kennt bisher nur die Linie, alles durchgehen zu lassen.

Erzieher im Kindergarten stoßen bei solchen „naturbelassenen" Kindern oft ebenfalls an ihre Grenzen. Nach jahrelangen Diskussionen mit den Eltern, Beschwerden von anderen Eltern über das auffällige Kind, halbherzigen eigenen

Erziehungsversuchen hört man dann oft von den Mitschülern: „Der war im Kindergarten schon genauso wie hier."

Wenn dann die Lehrkräfte in der ersten Klasse versuchen, eine gewisse Verhaltenshomogenität und damit die Grundlage für einen funktionierenden Unterricht zu schaffen, erleben sie bei diesen „naturbelassenen" Kindern fast immer massiven Widerstand. Doch hier ist der Punkt erreicht, an dem das Kind seine „natürliche" Art ablegen muss, um den Anforderungen der Schule gerecht zu werden. Es werden nun Regeln aufgestellt, die von allen beachtet werden müssen – auch von diesen speziellen Kindern.

Die Grundlage dieser Regeln ist Konsequenz. Konsequenz, die sich in alle Lebensbereiche und Altersstufen hineinzieht. Sie ist wie eine Festung, die sich nach und nach aufbaut. Vom Kellergewölbe einer Burg bis zu den Turmzimmern, von den Vorratskammern bis zum Rittersaal – durch diese konsequente Struktur erhält das Kind Halt, Sicherheit und Geborgenheit. Kinder lieben Vertrautes und Gewohntes. Sie fühlen sich wohl, wenn sie auf klare, verlässliche Strukturen vertrauen können.

Die Konsequenz muss in allen Erziehungsbereichen gleichermaßen vorhanden sein, damit sie stabil und verlässlich bleibt. Wankelmütigkeit ist hier Gift, denn Kinder spüren Unsicherheiten sofort. Sie wissen, wenn jemand unsicher ist, und versuchen, die Situation zu ihren Gunsten zu nutzen. Auch Eltern lassen sich oft von Unsicherheit leiten – sei es beim morgendlichen Aufstehen oder beim Anziehen. Das Kind will nicht. Sie bieten dem Kind Alternativen an, fragen nach seinen Wünschen oder lassen sich auf Machtkämpfe ein. Die Eltern machen dem Kind Versprechungen oder betteln es an. Doch damit verlieren sie ihre Autorität. Das Kind lernt, dass es durch bestimmtes Verhalten Einfluss auf die Eltern nehmen kann. Unbewusst bemerkt das Kind die Hilflosigkeit der Eltern.

Dann geht es zum Frühstück. Die Eltern richten etwas her. Das Kind mag es nicht. Hier zeigt sich die Unsicherheit der Eltern, indem sie Alternativen anbieten: Nussnougatbrot, Korn Pops, Honigpops etc. Dabei will das Kind ja nur seine Machtposition stärken. Was es isst, ist dem Kind zu diesem Zeitpunkt absolut zweitrangig. Wären die Linien klar, isst das Kind, was hergerichtet ist, zieht es an, was man hingelegt hat, oder sucht sich selbst ein anderes Teil heraus, ohne die Eltern weder geistig noch körperlich zu bemühen, und steht ohne großes Theater auf, wenn es geweckt wird. Aufstehen tut niemand gerne, kein Kind und auch kein Erwachsener. Aber es muss nicht immer gleich ein Machtkampf daraus werden. Mit diesem Morgenritual muss natürlich früh begonnen werden und nicht erst, wenn Zeitdruck entstanden ist. Ich meine hier die Kindergartenzeit. Kinder lieben Rituale, sind sie doch schöne, angenehme Linien, an denen man sich entlanghangeln kann. Auch Erwachsene lieben Rituale. Ein Ritual ist ein Ablauf bestimmter Verhaltensweisen, der immer wiederkehrt, am besten auch noch immer zur gleichen Zeit.

Ein entscheidender Faktor für das Wohlbefinden von Kindern ist die Etablierung von Ritualen. Rituale bieten den Kindern eine Struktur, an der sie sich orientieren können, und das bereits im frühen Kindesalter. Sei es das abendliche Waschen, Zähneputzen oder das Vorlesen einer Geschichte vor dem Schlafengehen – all diese Rituale bieten den Kindern Sicherheit und Geborgenheit. Sie wissen, was sie erwartet, und können sich darauf verlassen. Wenn Kinder diese Sicherheit erfahren, wird das Vertrauen in die Erziehenden gestärkt, und die Erziehung wird in der Folge erfolgreicher und harmonischer. Auch Erwachsene profitieren von solchen Ritualen, da sie den Körper und Geist auf den kommenden Prozess vorbereiten.

Die Bedeutung von Konsequenz in der Erziehung ist nicht zu unterschätzen. Nur durch klare und konsistente Regeln kann ein Kind lernen, was richtig und was falsch ist.

Die Eltern müssen nicht nur die Linie vorgeben, sondern auch konsequent bleiben. Wenn das Kind weiß, was von ihm erwartet wird, und die Eltern diese Erwartungen immer wieder auf dieselbe Weise kommunizieren, wächst es in einem Umfeld der Sicherheit und auch Geborgenheit auf – und genau das ist es, was jedes Kind braucht.

5.2.1 Der Schulweg

Der Weg zur Schule ist ein weiteres Beispiel für die Unsicherheit vieler Eltern, die sich täglich in unterschiedlichsten Formen zeigt. Die meisten Schulkinder werden zur Schule gebracht, meist mit dem Auto. Der Grund, den viele Eltern anführen: „Es ist doch so gefährlich auf der Straße." Dabei offenbaren sie vor allem ihre eigene Unsicherheit.

Fast jede Straße ist mittlerweile mit einem Fußweg oder Bürgersteig ausgestattet, auf dem Fußgänger sicher ihren Weg gehen können. An vielen Kreuzungen gibt es Ampeln, die auch von Schulkindern problemlos bedient werden können. Und auch ohne Ampeln lässt sich eine Straße sicher überqueren – vorausgesetzt, das Kind hat gelernt, sich an die Verkehrsvorschriften zu halten, die es von seinen Eltern vermittelt bekommen hat. Schließlich lebt das Kind bereits seit mehreren Jahren und hat in dieser Zeit mehrfach mit seinen Eltern die Regeln und das Verhalten an Kreuzungen geübt.

Ein konkretes Beispiel dazu fällt mir ein: In einer Kleinstadt lag die Dorfschule am Rande des Ortes, nur wenige Hundert Meter von den letzten Häusern entfernt, bevor nur noch ein Bauernhof und Felder kamen. Die Straße machte direkt nach der Schule eine Biegung, sodass kein schnelles Fahren möglich war. Der einzige nennenswerte Verkehr war morgens, wenn die Kinder zur Schule gebracht wurden, und mittags, wenn sie wieder abgeholt wurden.

Die Kinder aus dem Ort hätten die Schule problemlos zu Fuß erreichen können, so wie es in der Vergangenheit jahrhundertelang der Fall war. Doch was machten die Eltern? Sie brachten ihre Kinder mit dem Auto zur Schule. Die Begründung: „Es gibt so viel Verkehr am Morgen." Dabei war es die ständige Unsicherheit der Eltern, die den Verkehr erst verursachte. Die Schule existierte schon seit Jahrzehnten, und plötzlich wurde ein Zebrastreifen vor dem Schulgebäude gefordert, um die Kinder vor den Autos zu schützen – Autos, die die Eltern selbst steuerten. Wurde hinterfragt, warum der Verkehr überhaupt existierte? Nein, stattdessen wurde einfach der Zebrastreifen genehmigt, ohne die eigentlichen Ursachen zu ergründen. Die Eltern hatten Angst, ihr Kind allein zur Schule zu schicken, und konnten die einfachsten Verkehrsregeln nicht vermitteln.

Dies führt zu einem entscheidenden Punkt: Eltern halten ihre Kinder oft künstlich vom Leben fern aus einer übertriebenen Angst vor vermeintlichen Gefahren, die eigentlich minimal wären, wenn die Eltern sich selbst sicherer fühlten. Noch mehr: wenn sie ihre Unsicherheit nicht vor den Kindern zeigen würden. Ich erinnere mich an die Zeiten, als mein Sohn auf ein Klettergerüst stieg. Ich hatte zwar Angst vor der Höhe, aber ich wollte nicht, dass er diese Angst übernimmt. Also drehte ich mich weg und schaute nicht hin. Als er oben angekommen war, war ich stolz und lächelte. Auch heute hat er keine Höhenangst.

Ähnlich könnte den Kindern beim Schulweg Sicherheit vermittelt werden. Wenn die Eltern mit ihren Kindern den Weg zur Schule ein paar Mal gemeinsam gehen und ihnen dann vertrauen, dass sie den Weg allein meistern, stärkt dies das

Selbstbewusstsein der Kinder enorm. Das Kind wird stolz darauf, dass es den Weg allein gehen darf, und fühlt sich von den Eltern wertgeschätzt und vertraut.

Ein Erlebnis, das mir dazu einfällt: In der sechsten Stunde, nach dem Musikunterricht in einer dritten Klasse, spielte ein Schüler stolz auf seinem Keyboard. Als es gongte, verließen die meisten Kinder leise den Raum. Eine Schülerin jedoch blieb sitzen, um noch weiter zuzuhören. Nach Beendigung packte sie ihre Sachen, ging aus dem Raum und kam kurz darauf weinend zurück. Ihre Mutter war nicht da, und der Bus war bereits abgefahren. Die Mutter arbeitete wohl in der Nähe und wartete normalerweise auf sie, aber heute war sie nicht da. Das Kind war völlig verzweifelt. Wir versuchten, die Mutter anzurufen, aber niemand war zu Hause. Schließlich schlug ich vor, dass das Kind zu Fuß nach Hause gehen könnte, nachdem sie mir ihre Adresse genannt hatte. Zwar war es ein etwas längerer Weg, aber durchaus zu schaffen. Doch das Kind kannte den Weg nicht. Es wusste nicht, wie es nach Hause kommen sollte. Ich konnte es kaum fassen – ein Kind aus der dritten Klasse, das den eigenen Weg nach Hause nicht kannte. Kurze Zeit später fand die Schwester des Kindes uns und erklärte, dass die Mutter unten wartete. Ein weiteres Beispiel für die Künstlichkeit der Unselbstständigkeit, die viele Eltern ihren Kindern auferlegen.

Aber die Begleitung zur Schule endet nicht immer am Schulhof. Es gibt Eltern, die die Schultasche ihres Kindes bis in den Klassenraum tragen und sie bis zum Platz des Kindes begleiten. Manche Eltern packen sogar noch die Tasche aus.

Ein Kabarettist schlug einmal vor, an Schulen einen Drive-in bis zum Klassenzimmer einzurichten, um die Kinder dort abzusetzen und später wieder abzuholen.

Oft wird auch gefragt, ob das Kind allein nach Hause gehen möchte oder ob die Mutter wiederkommen soll.

Natürlich möchten die Kinder abgeholt werden. Die Mütter bleiben dann häufig bis zum Gong oder Unterrichtsbeginn, schauen sich um, stellen Fragen oder haben Anmerkungen. All dies sind Zeichen von Unsicherheit! Die Eltern können das Kind nicht loslassen und trauen sowohl dem Kind als auch der Lehrkraft nicht. Sie trauen sich oft selbst nicht.

Dies geht in einigen Fällen sogar bis in die vierte Klasse hinein. Die Eltern merken nicht, dass sie dem Kind mit ihrem Verhalten das Gefühl von Sicherheit und Selbstständigkeit verwehren.

5.2.2 Das Pausenbrot

Viele Menschen beschäftigen sich wenig mit der Ernährung und der Nahrungsaufnahme im Allgemeinen. Dies führt dazu, dass bereits in der ersten Klasse viele Kinder übergewichtig sind. Interessanterweise erkennen wir bei den Kindern häufig Ähnlichkeiten zu ihren Eltern, auch in Bezug auf ihre Essgewohnheiten. Viele Kinder bringen in der Pause genau das mit, was sie auch zu Hause gerne essen.

Allerdings denken die Eltern oft nicht darüber nach, ob das, was sie ihren Kindern in die Pause mitgeben, wirklich praktisch ist – weder im Hinblick auf die Zeit, die dafür aufgewendet wird, noch auf den Nährwert der Mahlzeit. Ein „tolles" Pausenbrot – ironisch betrachtet – sind für mich Honigpops in einer Tupperdose. Die Kinder öffnen die Dose und schon liegt die Hälfte am Boden, wo sich gleich die ganze Klasse beim Aufsammeln und natürlich auch beim gleichzeitigen Naschen beschäftigt. Das folgende Geschrei ist kaum vorstellbar. Der Rest wird dann direkt aus der Dose mit den Fingern gegessen – schön klebrig. Finger waschen?

Fehlanzeige. Was denken Sie, ist ein Kind nach so einer „Mahlzeit" satt und zufrieden?

Auch Toastbrotscheiben ohne Rinde sind sehr beliebt. Diese zerfallen bereits in den Kinderhänden, landen auf dem Boden, und das nächste Kind läuft darüber – und schon ist das gesamte Brot im Klassenzimmer verteilt und verschmiert, da es sich sofort auflöst.

Besonders beliebt sind auch Schokopuddings und Minijoghurts. Entweder lässt sich der Deckel nur schwer öffnen, reißt ein oder der Löffel fehlt. In solchen Fällen wird dann mit den Fingern gegessen oder das gesamte Töpfchen landet – wieder samt Inhalt – auf dem Boden. Wunderbar. Nach einer solchen Mahlzeit ist das Kind leider nicht satt und gestärkt für den weiteren Schulvormittag.

Noch deutlicher wird das Unvermögen mancher Kinder beim Umgang mit Milch- oder Kakaoflaschen. Diese sind mit einem Aluhütchen versehen, durch das der Strohhalm problemlos hindurchpasst. Doch vielen Kindern reicht das nicht und sie reißen das Aluhütchen komplett auf. Wenn der Strohhalm in der kleinen Öffnung steckt, passiert beim Umkippen der Flasche zunächst nicht viel. Doch ist das Aluhütchen nicht mehr vorhanden und die Flasche kippt um, haben wir das ganze Kakaogetränk auf dem Tisch, dem Boden und oft auch in der Schultasche. Die Kinder wissen genau, dass das Aluhütchen darauf bleiben muss. Sie kennen auch die Folgen. Aber glauben Sie wirklich, dass sie diese Erfahrung bei der nächsten Kakaobestellung berücksichtigen? Das Ergebnis ist, dass diese Kinder bei der nächsten Lieferung von Kakaoflaschen wieder leer ausgehen.

5.2.3 Die Reinlichkeit

Nach der Frühstückspause werden die Hände gewaschen. In unserer Klasse hatten wir einen Seifenspender und Papierhandtücher. Doch leider rissen manche Kinder die Tücher gleich bündelweise heraus und wunderten sich, wenn ich sie darauf hinwies. Sparsamkeit ist vielen ein Fremdwort. Auch der Hinweis, dass die anderen Kinder dann keine Tücher mehr zur Verfügung hätten, wurde oft unbeachtet gelassen. Es schien sie nicht zu interessieren. Schade.

Überhaupt wurde vielen Kindern der respektvolle Umgang mit Dingen nicht beigebracht. Das beginnt bereits beim Gang zur Toilette. Wenn man davon ausgehen kann, dass sich ein Kind außerhalb der eigenen vier Wände genauso verhält wie zu Hause, dann wirft manches Verhalten einen traurigen Blick auf die Erziehung. Es gibt viele Jungen, die absichtlich neben das Becken urinieren oder sogar quer durch den Raum, bis an die Wände, über sämtliche Toiletten hinweg. Und sie verlassen dann den Raum, ohne sich um den Zustand zu kümmern. Machen sie das zu Hause auch so? Offenbar. Denn wo sollten sie dieses Verhalten sonst herhaben?

Den Gestank können Sie sich sicher vorstellen. Kein anderer Junge ging mehr auf diese Toilette – und wenn doch, dann nur im absoluten Notfall. Lieber nahmen sie es in Kauf, sich in die Hose zu machen. An meiner letzten Schule blieb das Jungenklo im Schulgebäude wochenlang geschlossen, sodass die Jungen auf die Toiletten im Pausenhof ausweichen mussten. Der Gestank war kaum mehr zu ertragen und zog bis in die nahe gelegenen Klassenräume und den gesamten Flur.

5.2.4 Hausaufgaben

Am Ende des Unterrichts teilte ich immer die Hausaufgaben für den nächsten Tag mit. Auch hier hatte ich ein Ritual eingeführt. Ich schrieb die Hausaufgaben mit dem aktuellen Datum an eine speziell seitlich angebrachte Hausaufgabentafel. Alle Kinder hatten in der Regel ein Hausaufgabenheft, und die meisten nahmen es heraus, um die Aufgaben abzuschreiben – inklusive Datum. Doch leider hatten einige ihr Heft vergessen. Was meinen Sie, welche Ausrede sie dann parat hatten? „Mama hat es mir nicht eingesteckt." Meine regelmäßige Frage lautete dann: „Wer geht zur Schule? Du oder Mama?"

Nachdem die Hausaufgaben an der Tafel standen, erklärte ich sie ausführlich. Ich verteilte die eventuell dazugehörigen Arbeitsblätter, gab Erläuterungen, zeigte das benötigte Buch, schlug die Seite auf und nannte die entsprechende Nummer. Die Kinder taten es mir nach. So hatten wir alle Materialien für die Hausaufgaben auf dem Tisch. Ein Kind wiederholte die Aufgaben und gemeinsam packten wir die Bücher, Hefte und Arbeitsblätter ein – und zwar nur diese Sachen. Alles andere blieb unter der Bank. Jeden Tag war es dasselbe Ritual.

Hin und wieder kamen Eltern und beschwerten sich, dass die Tasche ihres Kindes zu voll sei. Dann erklärte ich ihnen wie bereits beim ersten Elternabend, dass die Kinder nur das mitnehmen sollten, was sie an diesem Tag brauchen. Im Verlauf des Gesprächs stellte sich heraus, dass das Kind schon öfter etwas vergessen hatte. Es lag unter der Bank, musste nachmittags von einem Mitschüler ausgeliehen und mühsam kopiert werden, was zu viel Aufregung führte. Daraufhin hatten die Eltern wohl gesagt, dass das Kind besser aufpassen und alles mitnehmen solle. Das Kind verstand dies so, dass es alles, was unter der Bank lag, mitnehmen sollte – und tat dies auch. Sie können sich sicher vorstellen, wo hier der Fehler lag.

Doch der tiefere Fehler liegt in der fehlenden Konsequenz, insbesondere beim Zuhören. Ein Kind sollte von klein auf lernen, auf das zu achten, was ihm gesagt und mitgeteilt wird. Wenn es damit durchkommt, unangenehme Dinge zu überhören (aber angenehme Dinge nicht), festigt sich dieses Verhalten und in der Folge werden negativ besetzte Aussagen oder Assoziationen überhört.

Ein Beispiel: Das Kind hatte das Arbeitsblatt unter die Bank gelegt. Warum? Wenn ich nachfragte, gab es keine Erklärung. Das Arbeitsblatt wurde erneut für den nächsten Tag aufgetragen, aber auch am nächsten Tag war es nicht erledigt. Seltsam. Auf meine Nachfrage kam vielleicht noch: „Wieder vergessen." Arbeitete das Kind das Arbeitsblatt nach dem Unterricht nach, spielte es herum und malte darauf. Bei erneuter Nachfrage stellte sich heraus, dass es nicht zugehört hatte und nicht wusste, was zu tun war – und sich nicht traute, nachzufragen. Hätte es das Arbeitsblatt mit nach Hause genommen und die Eltern gefragt, wäre es Rede und Antwort schuldig gewesen. Einige Kinder versuchten in ähnlichen Fällen, die Aufgaben einfach zu erledigen, aber dann meistens falsch.

Hausaufgaben sind leider für viele Kinder negativ besetzt – aus den unterschiedlichsten Gründen. Sie sehen sich plötzlich Anforderungen gegenüber, die ihnen bis zum Beginn der Schulzeit nie gestellt wurden. Anforderungen, die zu einem bestimmten Zeitpunkt erledigt sein müssen und auch eingefordert werden, was für viele eine völlig neue Erfahrung ist.

Auch hier könnte im Elternhaus ein Ritual eingeführt werden. Da Kinder Rituale lieben, würde dies das Anfertigen der Hausaufgaben erheblich erleichtern. Das Kind kommt von der Schule nach Hause, geht auf die Toilette, wäscht sich die Hände und bekommt Mittagessen. Anschließend oder schon währenddessen sollte sich die Betreuungsperson Zeit nehmen, um sich die Erlebnisse des Kindes erzählen zu lassen. Dabei sollte dies vom Kind ausgehen und die Eltern sollten nicht nachbohren. Wenn das Kind jetzt noch nicht sprechen möchte, sollte ihm Zeit gelassen werden. Eltern sollten sich alles erst einmal wertungsfrei anhören und nicht sofort bei Konflikten Partei ergreifen. Es ist wichtig, sich auch die andere Seite der Geschichte erzählen zu lassen – und vor allem zu verstehen, wie der Konflikt entstanden ist.

Kinder lieben einen strukturierten Tagesablauf, und sie haben Hausaufgaben zu erledigen. Nach dem Essen und den neutral reflektierten Erlebnissen des Kindes sollte bald mit den Hausaufgaben begonnen werden. Viele Eltern sagen nun: „Mein Kind braucht erst einmal eine Pause." Das ist verständlich. Aber versuchen Sie mal, ein Kind vom Spielen wieder hereinzurufen und es dann zu den Hausaufgaben zu bewegen. Es ist natürlich eine Entscheidung der Eltern. Mit Konsequenz und Durchhaltevermögen beim eventuell auftretenden Protest des Kindes sind beide Varianten jedoch umsetzbar.

Während der Hausaufgaben sollte der Erwachsene nicht direkt daneben sitzen. Das Kind sollte die Chance bekommen, die Aufgaben allein zu versuchen. Bei Fragen kann es sich jederzeit an den Erwachsenen wenden. Es sollte keine Vorgaben geben, sondern das Kind sollte selbstständig arbeiten können. Der Arbeitsplatz sollte frei von Ablenkungen sein, damit sich das Kind auf seine Aufgaben konzentrieren kann. Auch Nahrungsmittel haben hier nichts zu suchen und lenken nur ab, ebenso wie Geschwister.

Nach den Hausaufgaben und der möglicherweise anschließenden Kontrolle – die bei berufstätigen Eltern auch abends erfolgen kann – geht das Kind dann zum Spielen. Erst dann und nur, wenn alle Hausaufgaben erledigt sind. Wenn Nachbarkinder klingeln, weil sie schon fertig sind oder ihre

Hausaufgaben einfach nicht erledigt haben, ist das kein Grund, das Kind vorzeitig in die Freizeit zu entlassen. Konsequenz ist auch hier gefragt. Das Kind geht nicht spielen, bevor die Hausaufgaben nicht abgeschlossen sind. Leseübungen können allerdings vor oder nach dem Abendessen erledigt werden. Wenn das Kind weiß, dass zuerst die Hausaufgaben kommen und dann das Spiel, wird es sich daran gewöhnen. Vorausgesetzt, die Eltern stehen hinter dieser Regel – und ich meine damit nicht hinter dem Kind, sondern hinter der Regel selbst. Es sollten keine Ausnahmen gemacht werden, wobei Ausnahmen auch mal zur Regel gehören können. Zum Beispiel bei den Hausaufgaben am Freitag, die auch samstags oder sonntags erledigt werden können. Der Nachteil dabei ist, dass Kinder dann oft vergessen haben, was die Aufgabe war, oder fehlende Blätter nicht mehr oder nur schwer organisiert werden können.

Diese Abfolge bildet ebenfalls ein Ritual: erst die Hausaufgaben, dann das Spiel. Ein weiteres Gerüst im Leben des Kindes. Natürlich sollte auch die Spielzeit an Wochentagen begrenzt sein, und zwar von den Eltern. Diese Zeit kann, wieder nur in Ausnahmefällen, verlängert werden. Kinder lieben nicht nur Rituale, sondern auch Strukturen.

Viele Eltern denken vielleicht, dass ein solches engmaschiges Netz für ihr Kind zu viel ist, dass es nie mitmachen wird. Natürlich wird es zu Beginn Widerstand geben, wenn das Kind zuvor selbstbestimmt sein Leben geführt hat. Aber mit dem Eintritt in das Schulleben ist diese Umstellung für das Kind sinnbildend erklärbar. Und die neuen Regeln müssen konsequent erläuternd eingeführt werden. Die Eltern erklären die neuen Regeln so, dass sie für das Kind nachvollziehbar sind, und sie müssen sich dabei bewusst sein, dass es eine harte Zeit geben wird. Gebetsmühlenartig müssen sie die Regeln wiederholen – täglich und ohne Kompromisse. Das Kind wird versuchen, die Regeln zu umgehen. Doch die Eltern bleiben stark und erklären immer wieder die gleichen Dinge, ohne sich von der Wut oder den Bitten des Kindes beirren zu lassen. Denn hier gilt das Sprichwort: „Reichen Sie den kleinen Finger, nimmt das Kind die ganze Hand."

Nach einigen Wochen, denn in einigen Tagen ist das nicht zu schaffen, wird sich das Blatt wenden. Das Kind wird ausgeglichener, ruhiger und liebevoller zu den Eltern und Mitmenschen. Je früher man damit beginnt, umso einfacher wird es für die Eltern. Je älter das Kind ist, desto schwieriger und langwieriger wird dieser Prozess.

Sie sehen, Konsequenz und Rituale sind eng miteinander verknüpft und können ohneeinander nicht bestehen. Konsequenz umfasst auch Rituale, die konsequent eingehalten werden müssen, während Rituale nur durch Konsequenz ihre Bedeutung entfalten. Ohne sie gäbe es keine wirkliche Struktur in den Ritualen.

Gemeinsam bilden diese beiden Elemente die Strukturfäden der Erziehung. Auf diesen Fäden werden die Werte aufgefädelt, die das Zusammenleben der Menschen erst ermöglichen – wie Perlen auf einer Schnur.

6. Die heutige Erziehung

6.1 Die vermeintliche Selbstsicherheit der Eltern bei der Erziehung

Jeder Mensch ist auf die eine oder andere Weise erzogen worden. Wenn ich eigene Kinder bekomme, erinnere ich mich automatisch an bestimmte Situationen, in denen meine Eltern auf eine bestimmte Weise reagiert haben. Nun als Elternteil habe ich die Möglichkeit, zu reflektieren, was gut war und was weniger gut. Was würde ich genauso machen und was ganz anders? Ich habe nun die Chance, die vermeintlichen Fehler meiner eigenen Eltern nicht zu wiederholen. Mit einer Portion gesunden Menschenverstands habe ich eigentlich eine gute Grundlage.

Doch reflektieren die Eltern heutzutage noch? Es scheint eher so, als hätten sie resigniert. Was auch nicht verwunderlich ist. In den Medien wird zunehmend von unsicheren Eltern gesprochen, von Kindern, die keine Grenzen mehr kennen und die ihre Eltern und die Umwelt traktieren. Es gibt eine Vielzahl an Erziehungsratgebern und natürlich auch die Meinungen anderer Eltern. All das macht es den Eltern schwer, eine eigene Position in der Erziehung zu finden. Unter den Eltern gibt es häufig eine Idealfigur, die eine Erziehungsmethode vorlebt, die von anderen nachgeahmt wird – aus welchen Gründen auch immer. Vielleicht wegen ihrer angeblich innovativen Methoden oder schlicht aus Bewunderung. Es gibt viele Eltern-Treffs, in denen Erfahrungen ausgetauscht werden, und so wird hin und wieder das eine oder andere ausprobiert. Dabei wird jedoch die eigene, erlebte Erziehung oft übergangen. Diese liegt schließlich schon lange zurück, sie gilt als alt und überholt. Man möchte im Zeitgeist erziehen – nur ist das Neue nicht immer das Bessere, aber dieser Gedanke kommt vielen Eltern selten in den Sinn.

Jedenfalls breitet sich Unsicherheit aus. Die junge Mutter oder der junge Vater möchte nichts versäumen, nichts falsch machen und dem Kind auch Freiräume lassen. Sie möchten sich nicht rechtfertigen müssen, weil ein Fehlschlag sie treffen könnte. So wird die eigene, erfahrene Erziehung leider wenig berücksichtigt und der gesunde Menschenverstand oft vernachlässigt. Doch genau dieser wäre dringend notwendig, um die „neuen" Methoden zu hinterfragen.

Was bedeutet aber „gesunder Menschenverstand"?

Meiner Meinung nach bedeutet er vor allem, die eigenen, zunächst noch unbewussten Bedürfnisse im Leben zu verstehen. Es ist das Gefühl aus dem Bauch heraus. Oft hört man den Satz: „Mein gesunder Menschenverstand sagt mir, dass ..." Was damit gemeint ist, ist eigentlich Intuition, die sich aus eigenen Erfahrungen und den oben genannten Bedürfnissen zusammensetzt. Bei vielen Eltern mangelt es jedoch an Erfahrung. Die Großeltern haben oft vieles selbst übernommen, sei es aus Bequemlichkeit, Überfürsorglichkeit oder vermeintlicher Eigennützigkeit. „Kind, das kannst du noch nicht", „Lass das, du tust dir nur weh", „Mama macht das für dich" – all diese Sätze haben den heutigen Eltern viele eigene Erfahrungen abgenommen. Der „Speicher" an eigenen Erlebnissen, der schon in der Kindheit gefüllt werden müsste, bleibt lückenhaft. Und diese Lücken bilden kein festes Gerüst, mit dem neue Erfahrungen verknüpft werden könnten. Die Synapsen im Gehirn konnten nicht richtig gebildet werden, und daher entstanden keine Verbindungen, die für die Entwicklung des gesunden Menschenverstands notwendig wären.

Die unbewussten Bedürfnisse setzen sich zusammen aus der Wahrung und Achtung der eigenen Persönlichkeit sowie der Vermeidung der Einschränkung derselben. Wenn ein Kind beispielsweise aus Wut gegen die Beine der Mutter tritt, sagt der gesunde Menschenverstand, dass hier die eigene Persönlichkeit angegriffen wird. Tritt das Kind, zeigt es Verachtung an der Person der Mutter in massivster Form. Wenn ich in dieser Situation nachgebe und mich ausschließlich nach den momentanen Bedürfnissen des Kindes richte, stelle ich meine eigene Persönlichkeit unter die des Kindes und lasse meine Persönlichkeit durch das Kind bewusst einschränken. Dies überschreitet eine irreparable Grenze.

Das Kind lernt in diesem Fall nicht, dass die Eltern ebenso achtenswerte Persönlichkeiten sind, die klare und für das Kind deutlich erkennbare Grenzen verkörpern sollten. Wenn einem Kind immer nachgegeben wird, zeigt es dem Kind, dass die Eltern unsicher sind. Es lernt, nur seine eigenen Wünsche durchzusetzen, ohne Rücksicht auf die Bedürfnisse anderer. Ein Kind, dem ständig nur seinen Wünschen nachgegeben und nie oder nur halbherzig zurechtgewiesen wird, entwickelt ein verzerrtes Bild von Erziehung. Der zukünftige Erwachsene kann so später keine positiven Erziehungsstrategien annehmen oder von den negativen unterscheiden. Solche Eltern hängen dann in der Luft – schwebend, ohne festen Halt.

Ähnlich verhält es sich mit der Vermittlung von Werten wie Respekt vor Eltern und Mitmenschen. Es fehlt vielen Eltern an Werten, die sie dann nicht an ihre Kinder weitergeben können. Und das führt zu einer großen Unsicherheit in der Erziehung. Diese Unsicherheit wird oft mit einem auffälligen Selbstwertgefühl und einer übertriebenen Selbstsicherheit kaschiert. Oft haben diese Eltern so viel Unterstützung und Bestärkung erhalten, dass sie sich sicher fühlen – sicher, ohne wirklich zu wissen, warum. Sie wurden selten mit negativen Erfahrungen konfrontiert, da ihre Eltern sie vor unangenehmen Situationen „schützten" und immer für sie da waren. Doch wie entsteht dann diese nach außen zur Schau gestellte

Selbstsicherheit, wenn sie so offensichtlich innerlich unsicher sind?

Oft gehen diese Eltern nur von sich selbst aus. Wenn sie von etwas keine Ahnung haben, machen sie sich höchstens bei anderen Eltern schlau – und ob deren Meinung maßgebend ist, entscheiden sie, wenn sie mit ihr übereinstimmen. So finden sich diese Eltern zusammen, vertreten ihre Ansichten und bestehen darauf, obwohl fundierte Meinungen entgegenstehen. Sie sind als Kinder stets in ihrem Handeln bestärkt worden. Jedes Handeln wurde positiv bewertet, und negative Meinungen wurden von ihnen ferngehalten. Sie hatten nie die Möglichkeit, die Dinge aus verschiedenen Perspektiven zu betrachten. Eine solche Entwicklung ist für den Menschen von großer Bedeutung, doch den Kindern wird diese Fähigkeit vorenthalten.

Wenn Eltern beispielsweise alles Unangenehme von ihren Kindern fernhalten und es nicht selbst erledigen lassen, lernen die Kinder nicht, mit negativen Aspekten des Lebens umzugehen. Doch das Leben ist nicht nur schön. Die Eltern werden nicht immer zur Stelle sein, und sie können das Leben für ihre Kinder nicht bis ans Ende aller Tage „richten". Viele Eltern glauben, ihre Kinder vor der „bösen Welt" schützen zu müssen. Und das ändert sich nicht, wenn das Kind älter wird. Wenn es dann unvermeidlich mit Menschen in Kontakt kommt, die ebenso beschützt aufgewachsen sind, entsteht ein Problem. Beide erwarten, dass ihr Wille sich erfüllt. Wenn das nicht klappt, rennen sie zu ihren Eltern und möchten ihre Ansprüche durchsetzen. Das Kind hat nicht gelernt, Konflikte zu erkennen und eigenständig zu lösen.

Je mehr Kinder zusammenkommen, desto mehr Konfliktsituationen entstehen. Wenn zwei Menschen ohne Plan aufeinandertreffen, gibt es nur eines: Chaos. Und dieses Chaos erleben wir täglich in unterschiedlichsten Varianten. All das resultiert aus der Hilflosigkeit der Kinder, die nie gelernt haben, mit bestimmten Situationen angemessen umzugehen, weil sie nie die nötigen Erfahrungen und das Handwerkszeug – den gesunden Menschenverstand – vermittelt bekommen haben. Vielleicht haben die Eltern auch einfach Angst vor Konflikten, die sie nicht selbst lösen können. Unbekannte Situationen erzeugen Angst, und Angst führt entweder zu einem Rückzug oder zu einer Angriffshaltung.

6.2 Die Folgen für die Kinder

Die Einstellung vieler Kinder, sich anderen Menschen gegenüber bevorzugt und überlegen zu fühlen, überträgt sich häufig auf ihre schulischen Leistungen. Zahlreiche Eltern haben alles dafür getan, dass ihr Kind vor Selbstbewusstsein strotzt. Es hat nie, bildlich gesprochen, „eins auf die Nase" bekommen. Alle Wogen wurden stets geglättet, und das Kind musste sich nie anstrengen, um etwas zu erreichen. Mama wird es schon richten – und sie hat bisher auch immer eingegriffen. Dieses Verhalten setzt sich auch in der Schule fort.

Hier zeigt sich das übersteigerte Selbstbewusstsein des Kindes oft in Antriebslosigkeit bei weniger interessanten oder anspruchslosen Aufgaben. Es kann sogar so weit gehen, dass das Kind eine Aufgabe nicht selbstständig beginnt und die Lehrkraft daneben stehen bleiben muss. Wenn sie sich einem anderen Schüler zuwendet, hört das Kind sofort auf. Oder es weigert sich von vornherein, überhaupt etwas zu tun, weil Mama bisher alles erledigt hat – besonders die unangenehmen Dinge. Doch Lesen und Schreiben lernt man nur, indem man es selbst tut. Niemand kann diese Aufgaben für das Kind übernehmen. Wenn dann der Ansporn nicht von allein kommt, etwa weil das Kind in seiner Entwicklung noch nicht so weit ist, und es plötzlich aktiv werden soll, stellt sich dem Kind eine unüberwindbare Hürde. Das Kind hat nie gelernt, was es bedeutet, selbstständig aktiv zu werden. Es wurde nicht angeregt. Und so wird es bockig. Es hat bislang nur erfahren, dass es sich durch Schreien oder Rückzug durchsetzen kann. Zu Hause durfte es alles, was es wollte, oder was es nicht wollte, konnte es bleiben lassen. Was es in der Schule erwartet, ist ihm fremd und überfordert es. Ein Versäumnis der Eltern.

Um zu verhindern, dass diese Kinder in ein zu tiefes Loch fallen, werden erste benotete Tests oft als „Probearbeiten" geschrieben. Das heißt, die Schüler erhalten die gleiche Arbeit als Übung und ein paar Wochen später, mit leicht veränderten Aufgaben, als benotete Arbeit. Doch dieses Abschirmen von Niederlagen führt nur dazu, dass die Kinder nicht lernen, mit Misserfolgen umzugehen. Sie werden dadurch in ihrer Fähigkeit, eigene Niederlagen zu verarbeiten, gehemmt.

Ein Beispiel: In einem Elterngespräch – es war bereits das dritte Gespräch mit denselben Eltern – fragte der Stiefvater, der immer anwesend war: „Was gibt es Neues?" Ich berichtete, dass ihre Tochter in allen Bereichen schwach sei und nun eine verstärkte Gewaltbereitschaft zeige. Bei kleineren Konflikten schlug sie brutal zu und verletzte Mitschüler erheblich beim Schubsen und Würgen. Die Reaktion der Mutter: „Ja, und was machen die anderen Kinder? Immer nur mein Kind." Sie wurde sofort laut und versicherte im Brustton der Überzeugung: „Das macht mein Kind nicht." Allein dieses aufbrausende Verhalten zeigte, von wem die Tochter dieses Muster gelernt hatte – von der Mutter. Bei den ersten beiden Gesprächen hatten die Eltern noch betroffen reagiert, weil ihre Tochter nicht den allgemeinen Anforderungen gerecht wurde. Inzwischen hatten sie sich ärztliche Hilfe gesucht, und die Ergebnisse bestätigten meine Einschätzungen. Sie fühlten sich jetzt in die Enge getrieben. Anfangs hatten sie sicher gedacht, ich würde übertreiben, doch nun waren die Schwächen des Kindes offensichtlich.

Daraufhin wurde meine Kompetenz infrage gestellt. Die Mutter erklärte mir, sie habe schließlich schon drei andere Kinder großgezogen, und bei diesen habe es nie solche Probleme gegeben. Sie äußerte sich erneut in einem vorwurfsvollen Ton und erklärte, dass sie nur noch über dieses eine Kind sprächen – zu Hause und unterwegs. Aber warum? War es Hilflosigkeit? Ich musste den Eltern von einer respektlosen Szene ihrer Tochter mir gegenüber berichten und meine Reaktion darauf schildern. Die Mutter erwiderte: „Nein, so kenne ich mein Kind nicht. Das kann gar nicht sein." Ich berichtete von weiteren Szenen, wie die Tochter herablassend mit dem Stiefvater gesprochen habe und er dieses Verhalten geduldet hätte. Keine Reaktion. Kurz darauf erzählte mir die Mutter, dass dieses Kind den drei älteren Geschwistern ständig Befehle erteile und diese auch darauf eingehen würden.

Das Verhalten der Eltern zeigte deutlich Unsicherheit und Traurigkeit. Es wurde klar, dass sie versuchten, alles durch Frechheit zu überdecken, was nicht funktioniert. Im Laufe des Gesprächs erkannte die Mutter selbst, dass das aggressive Verhalten ihrer Tochter auf eine Überforderung des Kindes zurückzuführen war. (Obwohl diese Aggression noch von der Mutter unterstützt wurde, indem sie ihrer Tochter ständig einbläute, sie solle sich wehren und sich nichts gefallen lassen.) Das Mädchen nahm mittlerweile wahr, dass die anderen Kinder schulisch besser zurechtkamen. Zu Hause sagte sie oft: „Mama, ich kann das nicht."

Doch die Ursachen wurden zunächst bei mir, der Lehrkraft, gesucht. Ein Angriff auf die Lehrkraft zeigt, wie hilflos sich die Eltern fühlten und wie sehr sie nicht wussten, wie sie mit der Situation umgehen sollten. Ihr Erziehungsmodell, das sie entweder in völliger Ignoranz oder mit einem wackeligen Gerüst aufgebaut hatten, begann zu zerbrechen. Frechheit siegt eben nicht in jeder Situation.

Natürlich konnte ich die Eltern verstehen. Sie waren traurig und beschämt, weil das, was sie stets verborgen hatten, plötzlich offensichtlich wurde – und alle anderen Mitschüler es mitbekamen. Doch die immer wiederkehrende Frage des Stiefvaters, ob es nicht auch andere Kinder gebe, die sich ebenso verhielten, und meine wiederholte Antwort: „Nein, nicht in diesem Ausmaß", stellte den Kindergarten infrage. „Warum hat man uns das nicht bereits im Kindergarten gesagt?" Möglicherweise wurden dort schon Anzeichen von den Eltern übersehen, was sich durch die gesamte Entwicklung des Kindes zog. Wenn die Mutter bereits drei ältere Kinder großgezogen hatte, müsste sie ja einiges an Erfahrung in Bezug auf die Entwicklung von Kindern gesammelt haben. Entweder waren diese Kinder genauso, dann hätte man keinen Unterschied bemerkt, oder man wollte es nicht sehen. Eine Aussage der Mutter war, dass das Kind eigentlich noch nicht reif für die Schule sei und in die Vorschule gehöre.

Am Ende des Gesprächs machte die Mutter doch ein Zugeständnis: Sie hätten sich inzwischen damit abgefunden, dass das Kind die Klasse wiederholen müsse. Ich hatte dies nie erwähnt, doch in weniger als einer Stunde hatten die Eltern ihre Haltung geändert. Vom Angriff auf meine Kompetenz über den Vorwurf der Bevorzugung anderer Schüler bis hin zur Einsicht über die wahren Ursachen der Schwächen ihres Kindes war es für die Eltern sicher ein weiter Weg. Ihre Ignoranz, die individuellen Fähigkeiten des eigenen Kindes zu sehen, hatte diesen Prozess nur erschwert.

Der Grund dafür ist einfach: Viele Eltern fühlen sich hilflos. Sie wissen nicht mehr, wie sie mit ihren Kindern umgehen sollen. Und doch gibt es einen Trend: Elternschulen boomen, da immer mehr Eltern die Unterstützung und Hilfe suchen, die sie in der Erziehung ihrer Kinder benötigen.

Meine Erfahrung hat mich jedoch gelehrt: Je lauter die Eltern, je aufplusternder und fordernder ihr Auftreten, desto weniger kompetent sind sie. Eltern, die ruhig, besonnen und Rat suchend sind, erweisen sich als kompetent. Sie erkennen, dass ihre Kinder eigene Erfahrungen machen müssen, und sie sind bereit, mit Lehrkräften zusammenzuarbeiten. Ihre Kinder sind oft umsichtig, weil sie in einem Umfeld aufwachsen, das eigenständiges Handeln und Fortschreiten fördert.

Die anderen Kinder hingegen kennen oft nur die aufplusternde Art ihrer Eltern und übernehmen dieses Verhalten. Sie zeigen es im Unterricht, im Gespräch mit Mitschülern und Erwachsenen. Diese Kinder tun sich meist sehr schwer. Sie akzeptieren nicht, was ihnen beigebracht werden soll, und stellen alles infrage. Natürlich sollte man nicht alles bedenkenlos übernehmen, was einem erzählt wird. Doch diese Kinder haben nie gelernt, zwischen Menschen zu unterscheiden, die ihnen weiterhelfen wollen, und solchen, die ihnen etwas vormachen. Sie sind grundsätzlich, vorsichtig ausgedrückt, skeptisch bis ablehnend. Diese Haltung bezieht sich auf den gesamten Unterrichtsstoff. Es erinnert an eine Allergie, zum Beispiel gegen Obst, bei der der Körper nicht mehr zwischen den gesunden und den schädlichen Nahrungsmitteln unterscheidet. Genauso geht es diesen Kindern. Sie stellen alles infrage, weil sie nie gelernt haben, zu unterscheiden. Sie hinterfragen schlichtweg alles und lehnen das meiste ab, da sie es als unsinnig empfinden.

Ein Beispiel: Ich erinnere mich an ein Kind, das bei jeder Anforderung zuerst sagte: „Nein, das mache ich nicht" oder „Warum soll ich das tun?" oder „Das will ich nicht". Dies geschah bei allem, was ich von ihm forderte – sei es, eine Seite aufzuschlagen, etwas an der Tafel zu zeigen, einen Stift herauszunehmen, etwas vorzulesen, einen Kommentar abzugeben oder Hausaufgaben zu notieren. Können Sie sich vorstellen, wie anstrengend ein solches Kind ist?

Die Steigerung dieses Verhaltens ist die komplette Verweigerung von Leistung. Nachdem alles infrage gestellt wurde, wird meist festgestellt, dass es sich nur um „Blödsinn" handelt und warum man Blödsinn auch noch schriftlich üben sollte. Diese Kinder hören auf, aufmerksam zu sein, sie arbeiten nicht mehr mit und bleiben auf der Stelle stehen. Schlimmer noch, sie machen Rückschritte. Was nicht ständig geübt und gefestigt wird, fällt schnell wieder ab. Eine Spirale nach unten setzt ein. Auch bereits erlernte Dinge sind bald nicht mehr abrufbar. Jede neue Aufgabe wird zur Überforderung und natürlich wieder verweigert.

Woher kommen dieses Hinterfragen und die anschließende Verweigerungshaltung? Meiner Meinung nach aus dem Elternhaus. Wenn Eltern zum Beispiel sagen: „Religion brauchst du nicht, da wird nur Unsinn erzählt", dann fühlt sich das Kind abgesichert. Es hat Rückendeckung von zu Hause und beginnt sofort, alles zu hinterfragen. Für die Kinder sind ihre Eltern meist die klügsten Menschen auf der Welt, was auch vollkommen normal ist.

Es sei denn, die Eltern erkennen in der Lehrkraft jemanden, der vielleicht doch mehr Wissen in bestimmten Bereichen hat als sie selbst – und umgekehrt natürlich auch. Wenn Eltern dies erkennen, kommunizieren sie es auch dem Kind. Sie stellen sich dadurch nicht selbst infrage, sondern erkennen die Lehrkraft als gleichwertigen Partner.

Sie sehen sich selbst nicht als übergeordnet, sondern als gleichwertig. Solche Eltern haben ein gesundes Selbstvertrauen. Sie wissen, dass jeder Mensch, der in einem bestimmten Beruf geschult wurde, mehr Fachwissen in diesem Bereich besitzt als in anderen Bereichen. Dieses Wissen wird anerkannt. Wenn jedoch Wissen mit Meinung gleichgesetzt wird, ist das problematisch. Ich kann eine persönliche Meinung über etwas haben, aber diese ist subjektiv und nicht belegt. Wissen hingegen ist fundiert und basiert auf Fakten. Ich erteile dieses Wissen mit der entsprechenden Didaktik.

Es fällt leichter, wenn man diese beiden Konzepte – Wissen und Meinung – unterscheiden kann.

Wenn ein Elternteil jedoch ein vermindertes Selbstvertrauen hat, weil ihm im Leben einiges misslungen ist, was die Person vielleicht nach außen hin den Umständen zuschreibt, aber innerlich als persönliches Versagen empfindet, dann sucht der Elternteil akribisch nach Schwächen bei anderen, um sich selbst stärker und besser zu fühlen. Dies führt dazu, dass die Person die Leistungen anderer abwertet, um sich selbst aufzuwerten. Aber viele Eltern wissen gar nicht genau, was in einem bestimmten Fach wie Religion behandelt wird. Sie haben nur ihre eigene Erinnerung an den Unterricht und ihre subjektiven Empfindungen, die sie damit verbinden. Sie erinnern sich möglicherweise an Inhalte, die sie selbst nicht als wichtig oder als unwesentlich empfunden haben. Diese Erinnerungen sind jedoch völlig subjektiv.

Das Fach Religion unterliegt ständigem Wissenswandel. Es gibt immer neue Erkenntnisse, sowohl im historischen als auch im didaktischen Bereich. Zudem umfasst das Fach Religion mittlerweile nicht mehr nur Bibelgeschichten, sondern auch vermehrt ethische Fragestellungen, die für das heutige Leben von Bedeutung sind.

Doch viele Eltern sind in dieser Hinsicht nicht auf dem neuesten Stand und äußern eine Meinung, die längst überholt ist.

Im heutigen Religionsunterricht haben menschliche Beziehungen denselben Stellenwert wie die biblischen Geschichten, und diese werden auch auf die heutigen Verhältnisse angewendet. Wenn also jemand sagt, im Religionsunterricht werde nur Unsinn erzählt, finde ich das sehr schade. Denn damit wird dem Kind die Möglichkeit genommen, sich eine eigene Meinung zu bilden. Was noch viel schlimmer ist: Das Kind schließt sich geistig aus dem Unterricht aus. Die ethischen Themen, die für das Zusammenleben der Menschen von Bedeutung sind, bleiben ihm fremd. Oft beginnt das Kind dann, die Mitschüler zu stören, was auch deren Lern- und Bildungsprozess beeinträchtigt.

6.3 Die Mutter als Freundin, der Vater als Freund

Viele Eltern halten sich für besonders modern, wenn sie sagen: „Ich möchte meinem Kind eine Freundin oder ein Freund sein. Wenn mein Sprössling zu mir kommt, versuche ich, ein Problem aus der Sicht eines Freundes mit ihm zu besprechen." Doch ich frage mich, ob dieser Ansatz wirklich der richtige ist.

Ein Kind, unabhängig vom Alter, braucht die Erfahrungen der Erwachsenen. Genau diese sucht es, wenn es sich an seine Eltern wendet. Es weiß, dass die Eltern nicht nur körperlich größer sind, sondern auch mehr Lebenserfahrung haben. Sie sind „älter", und das ist kein Zufall. In vielen Urvölkern gab es den Stammesältesten, der aufgrund seiner Lebenserfahrung eine wichtige Rolle spielte.

Diese Erfahrung, die mit den Jahren wächst, macht jeden Menschen einzigartig.

Wenn Eltern nun versuchen, sich auf Augenhöhe mit dem Kind zu stellen, setzen sie sich selbst auf eine Stufe mit ihm. Dadurch verlieren sie ihre Rolle als erfahrene Führungspersonen und reduzieren sich für das Kind auf ein viel niedrigeres Niveau. Für das Kind bedeutet das, dass es den so notwendigen Halt verliert, den die größere Lebenserfahrung der Eltern bietet. Es fühlt sich nicht besser, sondern zunehmend unsicherer und unzufriedener. Den Eltern bleibt dieses Verhalten ein Rätsel. Sie geben dem Kind doch alle Freiheiten, lassen es überall mitreden und Entscheidungen selbst treffen. Sie sehen dieses Verhalten sogar als Undankbarkeit. Doch wofür soll das Kind dankbar sein? Dafür, dass ihm eine wichtige elterliche Struktur entzogen wurde? Dafür, dass es alles selbst bestimmen darf, obwohl es noch nicht weiß, was gut oder schlecht für seine Entwicklung ist? Dafür, dass die Eltern ihm den Boden unter den Füßen weggezogen haben? Das Kind versteht die Welt nicht mehr, weil die Eltern sich ihrer Rolle als erfahrene Wegweiser entledigt haben.

Ein Kind braucht besonders bei Problemen die Erfahrungen der Eltern. Es kommt zu den „Älteren", weil es selbst nicht mehr weiterweiß. Es hat das Gefühl, dass seine eigenen Erfahrungen nicht mehr ausreichen. Es benötigt den größeren Horizont der Eltern, die eine breitere und tiefere Sichtweise auf die Dinge haben. Das Kind möchte diese anderen Erfahrungen hören, sie mit seinen eigenen vergleichen und in seine eigenen Überlegungen einfließen lassen. Meine Meinung ist: Erfahrungen, die jemand anderes gemacht hat, muss ich nicht unbedingt selbst erleben, besonders nicht die negativen. Diese Erfahrungen kann man sich sparen – und damit nicht nur wertvolle Zeit, sondern auch unnötige emotionale Belastung.

Das Kind möchte auf diesen Erfahrungsschatz der Eltern zurückgreifen, und wenn dieser Schatz als solcher anerkannt wird, wird das Kind lernen, ihn zu schätzen. Erwachsene verfügen über verschiedene Lösungsansätze, die Kinder immer wieder überraschen können. Mit der Zeit wird sich dem Kind dieses Wissen als wertvoller Schatz offenbaren. Es wird lernen, anders zu denken und mehr Perspektiven zu berücksichtigen, indem es auf den Erfahrungsschatz der Eltern zurückgreift.

Natürlich gibt es viele Erfahrungen, die das Kind selbst machen muss. Eltern können von ihren eigenen Erlebnissen berichten und teilen, wie sie mit bestimmten Situationen umgegangen sind. Doch es gibt auch Erfahrungen, die das Kind unbedingt selbst durchleben muss, beispielsweise die erste Liebe. In solchen Fällen können Eltern wertvolle Tipps geben, da sich viele Lebenssituationen wiederholen oder zumindest Ähnlichkeiten aufweisen.

Die Eltern sind bereits einen Lebensweg gegangen. Ihre Erfahrungen auf diesem Weg können dem Kind als Orientierung dienen und ihm helfen, seinen eigenen Weg zu finden.

6.4 Das gleichberechtigte Kind

Es wird problematisch, wenn Kinder zu allen Entscheidungen innerhalb der Familie befragt werden. In diesem Fall wird das Kind in die Rolle eines Erwachsenen versetzt und soll gleichwertig eine Meinung bilden und Entscheidungen treffen. Doch diese Erwartung überfordert das Kind maßlos. Es ist noch nicht in der Lage, komplexe Zusammenhänge zu erkennen, und sieht oft nur den aktuellen Moment und das, was ihm von den Eltern dazu erklärt wird. In manchen Fällen ist dem Kind das Thema auch schlichtweg egal, wie zum Beispiel die Farbe eines neu anzuschaffenden Autos.

Ein weiteres Beispiel: Bei der Wahl des Familienmenüs in einem Restaurant sollte das Kind nicht die Entscheidung allein treffen. Es ist viel besser, wenn die Eltern zwei Gerichte vorschlagen, aus denen das Kind dann wählen kann. Auf diese Weise fühlt sich das Kind ernst genommen, ist nicht überfordert und bleibt im sicheren Rahmen. Die Eltern entscheiden letztlich, was für die Familie am besten ist. Wenn das Kind hinterher feststellt, dass es die gewählte Speise oder Teile davon nicht mag, sollte eine neuerliche Wahl nicht nötig sein.

Mit dem Hinweis „Du hast es dir ausgesucht" kann es entweder die Speise stehen lassen oder den Teil essen, den es mag.

Und noch ein Beispiel: Bei Wochenendausflügen sollten die Eltern eine kleine Auswahl an Zielen treffen, aus denen das Kind wählen kann. Die Frage „Wo willst du heute hin?" überfordert das Kind oft, da es noch nicht in der Lage ist, komplexe Entscheidungen zu treffen. Kinder möchten grundsätzlich Neues und Interessantes entdecken, und wenn die Eltern von dieser Entdeckung begeistert sind, wird auch das Kind von dieser Begeisterung angesteckt. Kinder möchten ihren Eltern gefallen, sich ihnen anpassen und deren Anerkennung gewinnen. Indem die Eltern ihre eigenen Interessen einbringen, werden die Kinder in den Sog des Entdeckens gezogen und finden so ihre Rolle als Lernende.

Wenn Eltern jedoch das Kind in die Rolle eines gleichberechtigten Partners versetzen, wird es schnell überfordert. Kinder sind noch unwissend und brauchen die Erfahrungen der Eltern, um daraus zu lernen und diese später vielleicht aus einer anderen Perspektive zu betrachten. Dieser Entwicklungsprozess braucht Zeit und darf dem Kind nicht vorenthalten werden, sonst wird es unsicher.

Diese Unsicherheit kann sich auf unterschiedliche Weise zeigen: Manche Kinder wirken altklug, als hätten sie die Kindheit bereits hinter sich gelassen. Sie benehmen sich wie Erwachsene und geben ungefragt ihre Meinung zu allem ab. Sie scheinen die natürliche Entwicklung übersprungen zu haben – und das ist bedauerlich für diese Kinder.

Andere wiederum reagieren mit Übellaunigkeit, wenn es nicht nach ihrem Willen geht. Sie versuchen mit aller Macht, ihre Wünsche durchzusetzen, da sie sich als gleichberechtigt ansehen. Kinder merken schnell, wenn ihnen unerwartete Freiräume eingeräumt werden und sie ein Mitspracherecht erhalten. Doch wenn diese Freiräume wieder eingeschränkt werden sollen, lässt sich das nicht mehr rückgängig machen. Ein Mitspracherecht wird dann als dauerhaft angesehen.

Natürlich sollte nicht jede Entscheidung über die Köpfe der Kinder getroffen werden. Doch bei Themen, bei denen Kinder noch nicht in der Lage sind, die Zusammenhänge zu verstehen, sollten die Erwachsenen das alleinige Entscheidungsrecht haben. Es muss in jedem Fall sorgfältig abgewogen werden, ob es sinnvoll ist, das Kind nach seiner Meinung oder Zustimmung zu fragen. Der seelische Sicherheitsaspekt des Kindes sollte immer im Vordergrund stehen. Wenn die emotionalen Grundlagen ins Wanken geraten, kann dies zu Unsicherheit führen. Nur eine stabile, gefühlvolle Beziehung zu den Eltern ermöglicht es dem Kind, sich sicher zu entwickeln.

Das Kind kann nur dann eine stabile Struktur entwickeln, wenn die Eltern dem Kind als gefestigte und zuverlässige Bezugspersonen erscheinen. Auf dieser Grundlage wird es in der Lage sein, den Herausforderungen des Lebens zu begegnen und ein gesundes Selbstvertrauen zu entwickeln.

7. Die Schullaufbahn des Kindes

Viele Eltern bringen ihr Kind mit der festen Erwartung in die Schule, dass es selbstverständlich nach der vierten Klasse, die es wie alle anderen vermutlich als Beste oder Bester durchläuft, auf das Gymnasium kommt. Das steht von vornherein fest und daran wird nicht gerüttelt. Oft handelt es sich dabei um Eltern, die selbst nie ein Gymnasium von innen gesehen haben und meist einen Haupt- oder Realschulabschluss haben. Diese Eltern haben keine eigenen Erfahrungen mit den Anforderungen des Gymnasiums. Aber auch Eltern, die einen höheren akademischen Abschluss erreicht haben – etwa als Arzt, Rechtsanwalt oder Unternehmer –, erwarten, dass ihre Kinder in ihre Fußstapfen treten. Doch wie bereits oben erwähnt, sind viele Eltern nicht bereit, offen für die tatsächlichen Möglichkeiten ihres Kindes zu sein.

Viele Eltern sind nicht in der Lage, ihr Kind auf das normale Alltagsleben vorzubereiten. Sie schaffen keine Basis oder ein Fundament für die Anforderungen, die an ihr Kind gestellt werden, und erwarten dennoch, dass es die Hürden, die sie selbst nicht überwinden konnten, mit Leichtigkeit und Selbstverständlichkeit nimmt – notfalls mithilfe anderer Eltern, die dann gemeinsam versuchen, die Lehrkraft unter Druck zu setzen.

Wenn ein Kind jedoch von zu Hause erfährt, dass es alles ohne eigenes Bemühen erreichen wird, weil die Eltern es bereits richten, wie soll dieses Kind dann den Anforderungen einer höheren Schule gerecht werden? Es hat bisher nie eigenständig mitgedacht. Wenn der Mülleimer voll ist, wartet es, bis Mama oder Papa ihn leeren. Wenn das Zimmer unordentlich ist, schimpfen die Eltern zwar, aber irgendwann wird es von ihnen erledigt. Wenn es in der Schule nicht so läuft, wie die Eltern es sich wünschen, wird die Lehrkraft unter Druck gesetzt. Und wenn das Kind keine Lust auf

Hausaufgaben hat oder Schwierigkeiten mit dem Schreiben und Rechnen hat, erledigen Mama oder Papa die Hausaufgaben. So lernt das Kind nicht, darauf zu reagieren, was von ihm erwartet wird. Es tut einfach das, woran es in diesem Moment Gefallen findet.

Im Gymnasium wird jedoch erwartet, dass das Kind von Anfang an ehrgeizig ist und nach einer kurzen Eingewöhnungsphase eigenständig denken kann – das bedeutet, den Fortgang der schulischen und fachlichen Entwicklung in sein Denken einzubeziehen. Nach dem Prinzip: „Wenn A, dann B, dann C. Wenn ich A nicht habe, erreiche ich B nicht und C schon gar nicht." Wenn die Eltern jedoch keinen Einblick in diese Strukturen haben und das Kind keinen inneren Ansporn entwickeln konnte, weil ihm alles abgenommen wurde, wie soll dieses Kind dann im Gymnasium zurechtkommen?

Selbst mit Intelligenz wird die anerzogene Unfähigkeit, gepaart mit dem Widerwillen, Aufforderungen zur Leistung von außen, etwa durch Lehrkräfte, nachzukommen, zu keinem Erfolg führen – besonders, da Lehrkräfte häufig ohnehin von zu Hause abwertend betrachtet wurden. Dabei spielt es keine Rolle, ob das aufgrund der eigenen schlechten Erfahrungen mit schulischen Leistungen oder des Mangels daran geschieht. Da die Kinder bisher nur das taten, was ihnen Spaß machte, werden sie bald auf der Strecke bleiben. Die Schuld wird in dieser Sichtweise ganz klar den Lehrkräften zugeschoben, denn aus der rosaroten Brille der Eltern betrachtet, sprüht ihr Kind ja nur so vor Intelligenz, die von den Lehrkräften nicht erkannt wird. Einige Eltern versuchen dann sogar, eine zweite Schule auszuprobieren, wenn es an der ersten nicht klappt.

Eine zweite wesentliche Eigenschaft, die häufig in Verbindung mit den oben genannten Problemen steht, ist die mangelnde Intelligenz der betroffenen Kinder. Eine Lehrkraft bekommt oft schon in der ersten Klasse eine Ahnung, welches Kind für welche Schulform geeignet ist. Man merkt schnell, ob das Kind oder nur die Eltern fleißig sind. Wenn der IQ eines Kindes nicht besonders hoch ausgeprägt ist, es jedoch einen hohen Ehrgeiz und Wissensdurst besitzt, kann es viele Mängel ausgleichen und durchaus auf der höheren Schule bestehen – allerdings nur, wenn dieser Ehrgeiz und Wissensdurst konstant bleiben.

Ein hoher IQ allein reicht jedoch nicht. Diese Kinder tun sich zu Beginn zwar leichter als andere, doch sie merken schnell, dass sie für ihre guten Leistungen wenig tun müssen. Wenn diese Kinder als „Prinz" oder „Prinzessin" herangewachsen sind, wurden ihnen alle Stolpersteine aus dem Weg geräumt, und sie erhielten keine Anleitung, wie sie zukünftige Hürden selbstständig überwinden könnten. Diese Kinder erwarten nun ständig Lösungen von außen. Doch leider können Eltern nicht für den Rest des Lebens alles für ihr Kind ebnen. Sie sollen dem Kind lediglich zeigen, wie es sich selbst am besten durch das Leben navigieren kann, möglichst ohne größere Missgeschicke. Das Motto lautet: „Hilf mir, es selbst zu tun" (Maria Montessori).

Dies gilt auch und besonders für die (Grund-) Schule als erste Lebensinstitution, in der sich ein Mensch in der westlichen Welt beweisen muss. Doch gerade hier stoßen viele Eltern an ihre Grenzen. Bis zu einem gewissen Punkt können sie Missstände in der Erziehung ausbügeln, aber beim Erlernen von Sachverhalten, beim Auswendiglernen von Gedichten oder schon beim Lesenlernen stoßen auch sie an ihre eigenen Grenzen. Sie können nicht für das Kind lernen – das Kind muss es in seinem eigenen Kopf speichern. In dieser Hinsicht tun sich IQ-stärkere Kinder oft leichter als andere. Aber auch sie müssen erst lernen, sich hinzusetzen und bewusst zu lernen – und das nicht irgendwann, sondern heute, jetzt.

Dieser Umstand und diese Forderung ließen sich bisher in vielen Haushalten umgehen. „Nee, das mache ich nicht, ich habe jetzt keinen Bock, ich mache es morgen." Doch spätestens bei der Hausaufgabenkontrolle kommt es zu Missstimmungen und Tadel. Mit einem überzogenen Selbstbewusstsein stecken die Kinder, die als „Prinz" oder „Prinzessin" herangewachsen sind, so etwas gut weg. Sie sind der Ansicht, dass sie das nicht brauchen. „Ich bin sowieso gut in der Schule, sagt Mama auch immer." Sie entwickeln dadurch keinen Ehrgeiz. Warum auch? „Entweder ich kann es, oder Mama/Papa macht es für mich." Eigenständiges Denken ist ihnen fremd.

Mama oder Papa müssen immer nach der Hausaufgabe fragen, mit dem Kind zusammenarbeiten, dabeibleiben, bis es fertig ist, und auch noch alles für den nächsten Tag vorbereiten. Das Kind hat nicht gelernt, selbstständig zu denken, für sich selbst zu planen. Und das oft nicht nur in den ersten Schulwochen. Hier sind die Eltern gefragt, mit dem Kind einen entsprechenden Ablauf einzuüben. Unterbleibt diese Übung, lernt das Kind nicht, eigenständig zu denken und sich selbst zu organisieren.

Ein ehrgeiziges Kind hingegen kann sich nicht auf dieses überzogene und weltfremde Selbstbewusstsein verlassen. Es kennt seine Schwächen, da es diese oft persönlich erfahren hat, und möchte, da es den oben genannten Schüler insgeheim bewundert, genauso sein wie dieser. Natürlich imponiert ihm die Coolness des anderen Kindes, und es hätte gerne etwas davon ab. Es weiß jedoch, dass nur durch Fleiß und Mühe auch Anerkennung erlangt werden kann. Daher setzt es alles daran, den Lernstoff und die Hausaufgaben bestmöglich zu erledigen, und heimst das erwünschte Lob ein. Ein solches Verhalten prägt ein Kind.

Nun kommen beide Kinder aufs Gymnasium – ob mit oder ohne Empfehlung der Lehrkraft, ist den Eltern oft relativ egal. „Mein Kind geht aufs Gymnasium. Basta. Die Lehrer haben sowieso keine Ahnung." Eine Mutter äußerte einmal nach einem Gespräch, in dem ich versuchte, ihr von diesem Vorhaben abzuraten: „Meine Tochter hat doch gutes Deutsch gelernt." Dabei war das Kind, wie wir mit mehreren Kollegen festgestellt hatten, eher für die Realschule geeignet. Das Kind sah keine Notwendigkeit, sich an Rechtschreibregeln zu halten, keine Verbesserungen in der Rechtschreibung vorzunehmen oder sich an ein vorgegebenes Aufsatzthema zu halten. Doch diese Mutter wollte dies nicht akzeptieren. Sie behauptete, ihr Kind schreibe gute Aufsätze, die ich nur nicht erkennen würde. Es stimmte, dass die Aufsätze des Kindes, als Geschichten betrachtet, sehr einfallsreich waren, aber sie lagen immer komplett außerhalb des vorgegebenen Themas. Diese Mutter war übrigens auch nie auf dem Gymnasium gewesen.

Ich hörte dann von ihren Mitschülern, die nach der ersten Zeugnisvergabe am Gymnasium in die Grundschule kamen, um das Zeugnis der ehemaligen Lehrkraft zu zeigen, dass ihr Zeugnis nicht gut ausgefallen sei und sie sich wahrscheinlich schäme. Sie sei gleich nach Hause gefahren. Auch nach dem nächsten Zeugnis hörte ich wieder das Gleiche.

7.1 Der Ehrgeiz des Kindes

Nun haben wir also beide oben genannten Kinder auf dem Gymnasium. Das fleißige Kind hat die Empfehlung dafür, das andere Kind hingegen mit dem Zusatz, dass es seinen Ehrgeiz entwickeln und lernen muss, seine Aufgaben eigenständig und pünktlich zu erledigen. Hausaufgaben waren wahrscheinlich bis zum Ende der vierten Klasse ein ständiges und leidiges Thema. Bis zu diesem Punkt konnte die Mutter die „ausgleichende Gerechtigkeit" spielen. Doch auf dem

Gymnasium wird, wie bereits erwähnt, eigenständiges Denken nach einer Aufwärmphase erwartet.

Das ehrgeizige Kind beherrscht dies bereits aus dem Effeff. Es weiß aus zahlreichen Erfahrungen, dass es, wenn es sich anstrengt und immer auf dem Laufenden bleibt, gut mitkommt.

Nicht jedoch das andere Kind. Anstrengungsbereitschaft ist nicht vorhanden, Ehrgeiz ebenso wenig. Wenn mir alles abgenommen wird, kann sich kein Ehrgeiz entwickeln.

Doch was ist Ehrgeiz überhaupt und wie entsteht er?

Ehrgeiz setzt sich zusammen aus den Begriffen „Ehre" und „geizen". Geizen kommt aus dem Mittelhochdeutschen und bedeutet „gierig sein nach". Wenn ich nach etwas gierig bin, möchte ich davon nicht viel abgeben, möchte es behalten oder möchte mehr davon haben. Das Wort „Ehre" bedeutet auch „Verehrung". Nur wenn ich etwas verehre, kann ich es auch ehren. Verehren bedeutet, jemanden oder etwas hoch zu schätzen. Es ist mir von großem Wert.

In diesem Fall ist mir meine eigene Ehre viel wert, und wenn mir Verehrung zuteilwird, dann werde ich auch von den Mitmenschen hochgeschätzt. Das bedeutet, ich muss auf meine Ehre achten. Und diese Ehre ist auf ein Ziel gerichtet. In unserem Fall ist dieses Ziel, durch meine eigene Leistung eine Ehrung zu erfahren. Es geht nicht darum, von allen verehrt zu werden, sondern nur von denjenigen, die mir wichtig sind.

Diese Menschen sind zunächst die Eltern und später die Lehrkräfte, die durch ihre Anerkennung der Leistungen das Zielstreben der Kinder wecken und fördern. Doch um dieses „Pflänzchen" zum Wachsen zu bringen, muss der Samen in frühester Kindheit gelegt werden. Alles, was ein Kind beginnt, ist am Anfang schwer, da es alles zum ersten Mal erprobt und entdeckt. Gelingt es dem Kind, nach mehreren

Versuchen etwas eigenständig zu erreichen – ohne dass die Eltern eingreifen –, und wird diese Leistung dann auch noch anerkannt, so ist der Samen des Ehrgeizes gelegt.

Mit dieser ersten gemeisterten Anstrengung entsteht ein positives Gefühl, das nach Wiederholung verlangt. Alle Menschen wiederholen gerne angenehme Erlebnisse. Da in diesem Fall nicht die Anstrengung im Vordergrund steht, sondern das positive Erlebnis, tritt die Anstrengung in den Hintergrund und die Freude über die erreichte Leistung wird immer zentraler.

Hier können Eltern aber einen entscheidenden Fehler begehen: Sie werden ungeduldig. Bis ein Kind, besonders wenn es noch sehr klein ist, etwas eigenständig schafft, dauert es natürlich – das bedeutet Tage und Wochen der Entwicklung. Besonders aber in der momentanen Situation brauchen die Eltern Geduld. Wenn ein Kind etwas baut und es noch nicht gelingt, sodass es möglicherweise unzufrieden wird, sollten die Eltern nicht eingreifen. Sie können das Kind in seinem Lernfortschritt unterstützen, indem sie das bisher Erreichte würdigen und positiv ansprechen. Auf keinen Fall sollten sie dem Kind helfen, den umgestürzten Turm wieder aufzubauen, denn das demotiviert das Kind erheblich. Es bekommt ein negatives Gefühl bezüglich seiner eigenen Fähigkeiten. Sensible Kinder werden es dann vielleicht gar nicht mehr versuchen oder erst nach langer Zeit wieder einmal.

Wenn Eltern ihr Kind unterstützen wollen, sollte dies ausschließlich auf mentaler Ebene geschehen, nie durch aktives Handeln. Das Kind muss seine eigene Bautechnik entwickeln und durch „Versuch und Irrtum" lernen dürfen. Diese Eigenständigkeit und der Wille dazu dürfen ihm auf keinen Fall genommen werden. Werden Eltern jedoch ungeduldig, weil es länger dauert, als wenn sie es selbst tun würden, und zeigen dem Kind diese Ungeduld, indem sie ihm bei der

Fertigstellung helfen, verliert das Kind, sobald etwas nicht mehr so gelingt wie erwartet, die Lust am Weiterbauen. Es wird seine angefangenen Werke bei kleinsten Hindernissen immer wieder abbrechen und zerstören. Das Kind hat dann den Eindruck, als könnte es das nicht, und unbewusst denkt es: „Ich mache es meinen Eltern nicht recht." Obwohl es früher noch gerne Türme baute, wird es diese Tätigkeit bald meiden. Denn durch das Gefühl des „Nichtgenügens" kann nur eine negative Assoziation entstehen. Negative Gefühle vermeidet der Mensch jedoch instinktiv.

Hat das Kind jedoch erfahren, dass es Zeit hat, etwas fertigzustellen, und dass die Eltern seine Arbeit für wichtig halten und auch kleine Fortschritte würdigen, entsteht ein positives Gefühl bei seinem Tun. Egal, wie oft der Turm umstürzt – der Weg ist das Ziel. Jeder Weg beginnt mit einem Schritt nach dem anderen.

Auch sollten Eltern es vermeiden, das Kind bei seiner Tätigkeit anzutreiben: „Nun mach doch mal endlich, gib dir Mühe, verstreu die Teile nicht überall!" Solche Aufforderungen lenken das Kind von seiner eigentlichen Aufgabe ab.

Das Gleiche gilt auch für das Ankleiden. Zu Beginn geht es natürlich nur langsam und oft in der falschen Reihenfolge. Doch die Mühe des Kindes ist es, die gewürdigt werden sollte. Ein weiterer wichtiger Punkt ist das Zubinden der Schuhe, also eine Schleife zu machen, was einem Kind erst ab einem bestimmten Alter (etwa 3,5 bis 4 Jahre) möglich ist. Und natürlich kann es zunächst lange dauern, bis es die Technik beherrscht. Manchmal geht es jedoch auch überraschend schnell. In beiden Fällen sollte das Kind für seine Bemühungen anerkannt werden. Auch hier ist Geduld gefragt – wenn es nicht gleich klappt, dann vielleicht nächste Woche oder in zwei bis drei Wochen.

Ein Geheimtipp für Eltern in all diesen Fällen ist, das Tun des Kindes zu würdigen. Aber ohne Übertreibung! Ein Kind merkt schnell, wenn Lob nicht ehrlich gemeint ist. Wenn es Zweifel an der Echtheit des Lobes hat, entsteht kein positives Gefühl – im Gegenteil, es entsteht ein ungutes Gefühl. Dinge, die das Kind bereits gut kann und die selbstverständlich geworden sind, sollten nicht mehr ständig gelobt werden. Denn das Kind entwickelt sich stetig weiter und macht fortlaufend neue Erfahrungen. Diese sollten weiterhin gewürdigt werden. Wenn das Kind etwas Neues erlernt hat, können die Eltern dies in den Vordergrund stellen und benennen. So erhält das Kind die Möglichkeit, seine eigene Entwicklung wahrzunehmen und zu schätzen. Das fördert sein Selbstwertgefühl – und damit auch den Ehrgeiz, immer neue Aufgaben zu meistern.

Der Ehrgeiz wird genährt, indem das Kind das Gefühl hat, durch eigene Anstrengung positive Erfahrungen zu sammeln. Und genau dieses positive Erlebnis ist es, das es immer wieder suchen wird. Ein weiteres Beispiel dafür, wie der Ehrgeiz im Kind wächst und sich verstärkt.

Ein wichtiger Aspekt ist jedoch, dass Ehrgeiz nicht durch materielle Belohnungen gefördert werden sollte. Wenn das Erreichen eines Ziels immer mit Geschenken oder Belohnungen gekoppelt wird, verliert das Ziel selbst seinen Wert. Das Kind arbeitet dann nicht mehr aus eigenem Ansporn, sondern im Hinblick auf die zu erwartende Belohnung. Der Ehrgeiz stirbt, sobald die Belohnungen aufgebraucht sind.

Es ist daher wichtig, dass Kinder für ihre eigenen Anstrengungen und Fortschritte anerkannt werden – und nicht für die äußeren Ergebnisse. Wenn ein Kind ein Bild malt, sollte beispielsweise nicht das gesamte Bild gelobt werden, sondern nur die Bereiche, die besonders gut gelungen sind. So kann das Kind erkennen, welche Aspekte es besonders gut beherrscht und welche noch Entwicklungspotenzial haben.

Ebenso sollte ein Kind, das sich allein anzieht, für die einzelnen Teilschritte gelobt werden: „Du hast die Knöpfe richtig zugemacht (oder die Schleife oder den Reißverschluss)!" Auch hier steht nicht die Gesamtleistung im Vordergrund, sondern die Teilleistung. Dies stärkt das Selbstbewusstsein und fördert das kontinuierliche Streben nach Verbesserung.

7.2 Warum manche Kinder falschen Ehrgeiz entwickeln

Wird einem Kind hingegen nicht mit Geduld begegnet, sondern wird es gescholten, weil es langsamer ist und andere Kinder die entsprechenden Fähigkeiten schon haben, kann das fatale Folgen haben. Wird es sogar als „dumm" bezeichnet, was es keinesfalls ist, und bekommt es keine Zeit für die eigene Entwicklung, sondern alles wird ihm abgenommen, ist dies der direkte Weg zur Unterdrückung eines gesunden Ehrgeizes. Das Kind hat dann nie die Möglichkeit, Ehrgeiz zu entwickeln, weil ihm das nötige Selbstvertrauen und die Anerkennung für eigene Anstrengungen fehlen. Es wird nie gewürdigt, sondern stets als minderwertig im Vergleich zu anderen betrachtet. Was es nicht allein erreichen kann, versucht es nicht einmal mehr, um das unangenehme Gefühl des Versagens zu vermeiden: „Ich kann ja sowieso nichts, ich mache alles falsch."

Selbstbewusstsein und vor allem Selbstvertrauen entwickeln sich nur durch positive Erfahrungen des eigenen Könnens. Jedes neue, erfolgreich bewältigte Ziel löst positive Gefühle aus, die als Ansporn für weitere Herausforderungen dienen.

Wird einem Kind jedoch nicht die notwendige Zeit gegeben, sich zu entwickeln, und wird es ständig negativ mit anderen verglichen, kann es zwei Wege gehen: Entweder es versucht, den anderen nachzueifern, entwickelt dabei aber nur falschen

Ehrgeiz, um den Erwartungen der Eltern zu entsprechen. Oder es wird sich selbst als Versager sehen, verliert jegliche Motivation und wird rebellisch, indem es beginnt, den Unterricht zu stören, die Mitschüler ärgert oder sich über sie lustig macht, um sich vor den als überlegen wahrgenommenen Kindern besser zu fühlen. Es sucht dann auch nach deren Fehlern, um sie den Eltern oder Lehrkräften zu melden, und entwertet damit die anderen Kinder, um sich selbst „überlegen" zu fühlen. Dieser Weg, geprägt von ständigem Vergleich, kann langfristige psychische Folgen haben und ist schwer zu korrigieren. Das Kind wird in seinem Denken nicht in der Lage sein, die eigenen Talente zu erkennen und zu fördern, da diese durch ständige Vergleiche mit anderen Kindern als minderwertig wahrgenommen werden. Die Eltern erkennen nicht, was sie anrichten, und sie verstehen ihr Kind nicht mehr. Eine Kinderseele ist äußerst empfindlich und hat sehr feine Antennen. Maria Montessori sagte einmal, dass man ein Kind niemals mit einem anderen vergleichen sollte, sondern immer nur mit sich selbst. Der Vergleich mit anderen verzerrt die Sicht auf die Entwicklung des eigenen Kindes. Jedes Kind hat ein eigenes Tempo und eigene Stärken. Manchmal können Kinder mit drei Jahren eine Schleife binden, andere erst mit dreieinhalb Jahren. Doch es ist wichtig zu wissen, dass jedes Kind Fortschritte macht, jedoch in seinem eigenen Tempo.

Vergleiche unter Geschwistern sind genauso schädlich und führen zu einem Konkurrenzdenken statt zu einer harmonischen Geschwisterbeziehung. Ein Kind will seinen eigenen Wert erkennen und nicht ständig in den Schatten eines anderen gestellt werden.

Der falsche Ehrgeiz entsteht oft, wenn ein Kind versucht, den Erwartungen seiner Eltern gerecht zu werden, und dabei seine eigenen Bedürfnisse und Talente zurückstellt. Das Kind versucht, in die „Form" des von den Eltern propagierten Kindes zu passen, um diese zu beeindrucken. Doch es kann nur die

Rolle des anderen Kindes einnehmen, weil es die eigene Identität nicht ausleben kann. Die Anerkennung der Eltern bleibt aber trotzdem aus, weil die Eigenschaften des anderen Kindes nicht eins zu eins übernommen werden können, was das Kind mit einer großen Unsicherheit über seine eigenen Fähigkeiten zurücklässt.

Diese Kinder entwickeln häufig kein gesundes Selbstbewusstsein, weil ihre Individualität nicht gefördert, sondern unterdrückt wurde. Sie gehen durch das Leben, als würden sie den falschen Schutzpanzer tragen – nicht ihren eigenen. Dieser Panzer schützt und passt nicht zu den eigenen Talenten, sondern ist der des anderen Kindes, von dem sie glauben, es sei das richtige Vorbild. So wird das Kind nie wirklich es selbst sein, sondern lebt immer im Schatten eines anderen. Dies kann sogar zu einer Lebenskrise führen, wenn das Kind später merkt, dass es nicht sein eigenes Leben lebt, sondern das Leben eines anderen.

Die Eltern sehen oft nicht, was sie falsch machen, und erkennen nicht, dass sie dem Kind keinen Raum geben, sich selbst zu entfalten. Die eigene Entwicklung wird von außen diktiert, und das Kind verliert den Zugang zu seinen wahren Talenten und Neigungen. Eltern müssen begreifen, dass jedes Kind seine eigene Zeit und seinen eigenen Weg braucht, um sich zu entwickeln und zu wachsen. Sie dürfen nicht die eigene Vorstellung von Erfolg auf das Kind übertragen, sondern müssen dem Kind den Raum geben, in seiner eigenen Weise erfolgreich zu sein.

Jedes Kind möchte den Eltern gefallen. Es sind die ersten und wichtigsten Bezugspersonen, also diejenigen, die dem Kind das Rüstzeug – in der wörtlichen Bedeutung – mitgeben. Damit meine ich eine Rüstung, einen Panzer, eine Schutzhülle. Und jedes Kind hätte gern seine eigene Schutzhülle, nicht die eines anderen Kindes. Entwickelt sich aber nun aufgrund des vielleicht sogar gut gemeinten Zutuns der Eltern falscher Ehrgeiz, so wird damit dem Kind der Schutzpanzer eines anderen Kindes, nämlich der des gelobten Kindes, übergestülpt. Dieser passt aber nur dem anderen Kind, nicht dem eigenen. Er kann sowohl zu groß als auch zu klein sein, keine entsprechenden Ausbuchtungen haben und an bestimmten Stellen zu weit sein. Denn die Talente der Kinder sind so unterschiedlich wie jeder einzelne Mensch. Und somit braucht das Kind auch einen eigens auf ihn zugeschnittenen Schutzpanzer, der seine Talente sowohl beschützt als auch Platz bietet, um sie wachsen zu lassen.

Hat das Kind einen fremden Panzer übergeworfen bekommen, kann es sich auch nur in diese Form hinein entwickeln, und das bedeutet, dass es von Anfang an gehemmt ist. Denn die Form des anderen Kindes passt ja nicht, es hat andere Vorlieben und Abneigungen, andere Talente und Defizite. Das Kind versucht aber, sich in diese Form hineinzupressen, da es den Eltern Genüge tun möchte. Es wünscht sich nichts sehnlicher als die Anerkennung der Eltern, das Lob und die Unterstützung.

Da das Kind aber mit dem Nacheifern immer nur Zweiter sein kann, da es ja seinen eigenen Bedürfnissen nicht nachgeben darf, seine Talente nicht erforschen darf, ja es sich nicht einmal mehr traut, wird die Anerkennung der Eltern ausbleiben. Es wird kein eigenes Selbstbewusstsein entwickeln können, da sein eigenes Selbst nicht gewollt ist und, vielleicht schlimmer noch, sogar abgelehnt wird. Oft sogar in Vergleichen mit dann bald verhassten Verwandten: „Du bist genau, wie Tante …, Onkel …!" Es fühlt sich abgelehnt und bewundert umso mehr das propagierte Kind und steigert sich noch mehr in seinen Ehrgeiz hinein. Immer mit dem Hintergedanken: „Wenn ich genauso gut bin wie die oder der, dann lieben mich meine Eltern ebenso oder lieben mich sogar überhaupt."

Somit wird es wahrscheinlich auch den falschen Beruf wählen, um den Eltern zu gefallen, den falschen Mann, die falsche Frau heiraten und vielleicht sogar ein falsches Leben führen, weil es immer darauf bedacht ist, nur den eigenen Eltern Genüge zu tun. Was aber nie eintreten wird.

Die Eltern wiederum sehen das ganze Debakel natürlich nicht. Das Kind, zuerst vielleicht noch heiß ersehnt, ein Wunschkind sogar, ist bald selbstverständlich und nichts Besonderes mehr, da es die erwünschten Vorstellungen nicht erfüllt, ja nicht erfüllen kann. Es lebt somit das Leben seiner Eltern bis in das Erwachsenenleben hinein, aber auch das geht ja nicht. Jeder kann nur sein eigenes Leben leben. Aber ein eigenes Leben kann der Mensch auch nicht leben, wenn er den falschen Schutzpanzer erhalten hat, und kann sich nicht individuell entwickeln. Er lebt ein ferngesteuertes Leben, wird unzufrieden und depressiv, immer mit dem Gedanken, etwas zu verpassen, sein Leben nicht gelebt zu haben, und er weiß nicht, wie er diesen Zustand ändern kann. Er bleibt stets unsicher und kann kein Vertrauen in die Welt setzen. Auch bleibt er stets auf der Suche nach einem Halt, der aber eigentlich in ihm selbst steckt. Nur haben die Eltern versäumt, dies das Kind spüren zu lassen, indem sie die eigenen Fähigkeiten des Kindes hätten erkennen und unterstützen sollen, um somit das Rüstzeug für das Leben mitzugeben.

7.3 Richtiger und falscher Ehrgeiz der Eltern

Jedes Kind gibt sich von Anfang an Mühe, etwas zu tun. Und damit meine ich nicht die Arbeit in der Schule, sondern das Erlernen der Eigenständigkeit. An den Eltern liegt es, ob diese Mühe entsprechend gewertet wird oder nicht. Die Eltern stellen die Weichen für das künftige Leben und vor allem für die Arbeitshaltung des Kindes.

Während meiner Zeit als Grundschullehrerin hörte ich einmal die Aussage einer Mutter: „Mein Sohn (Zweitklässler) will aufs Gymnasium. Da muss er sich aber noch anstrengen." Aber wie kann ein Kind aufs Gymnasium wollen? Zumal ein Kind, das gerade eineinhalb Jahre zur Schule gegangen ist und so kurz erst Schulluft geschnuppert hat? Wie soll so ein Kind darauf kommen? Im weiteren Gespräch teilte mir die Mutter mit, dass sie jeden Abend mit ihren Kindern lesen übe und etliche zusätzliche Rechenaufgaben mache, etwa 1,5 Stunden zusätzliches Training pro Kind und Tag. Es ist der Mutter natürlich hoch anzurechnen, dass sie sich mit ihren Sprösslingen so viel Mühe gab und Zeit nahm, diese zu fördern. Sie überließ die schulische Entwicklung nicht nur den Kindern und den Lehrkräften, sondern unterstützte diese selbst aktiv. Wirklich sehr lobenswert. Doch kam die Aussage des Kindes zustande, weil es so viel unterstützt wurde und sich deshalb so fit fühlte, oder war es hier eher der Wunsch der Mutter oder der Eltern, das Kind für das Gymnasium fit machen zu wollen? Das Kind selbst war zart und sehr verträumt.

Auf jeden Fall besteht hier die Gefahr des vorschnellen Überdrusses der Kinder, was Lernstoff und Übungen anbelangt. Und somit könnte das Ansinnen nach hinten losgehen. Man sollte das gesunde Mittelmaß beim Üben nicht überschreiten. Sicher lieben Kinder Rituale. Und man kann auch täglich überprüfen, ob das Kind auf dem Laufenden ist. Richtig ist auch, dass tägliche Übungen bei eventuellen Lernschwächen wichtig sind, um diese zu beheben. Stellt sich in einem Bereich, beispielsweise dem Lesen, heraus, dass das Kind damit Probleme hat, sollte man auch hier täglich üben. Oder wenn das Kind einen Bereich, ein neues Lernziel, noch nicht verstanden hat, sollten die Eltern es auf ihre Art erklären, auch gerne mehrfach und auf verschiedene Art und Weise. Aber ein Kind gezielt für das Gymnasium zu trimmen, halte ich für unsinnig. Wie bereits oben erwähnt, können Eltern eine Menge zur Vorbereitung auf das Leben allgemein tun, damit sich das Kind nicht selbst im Weg stehen muss. Die Eltern sind es, die dem Kind die Grundlagen für die weiterführende Schule zur Verfügung stellen. Aber sie sind es auch, die erkennen können und müssen, ob das Kind überhaupt geeignet ist, also grundsätzlich die Voraussetzungen hat, für welches Schulsystem auch immer. Wenn ich erkennen muss, dass mein Kind bereits in der Grundschule Probleme hat, dort eigenständig durchzukommen, das heißt, dass es ohne die ständige Hilfe durch die Eltern oder sogar durch zusätzliche Nachhilfe nicht in der Lage ist, den Stoff aufzunehmen, zu verarbeiten, zu verinnerlichen und wieder anzuwenden, dann sollten die Eltern ein Gespräch mit der Klassenlehrerin, dem Klassenlehrer führen und sich weitere Illusionen erst einmal verkneifen. Denn durch das ständige Gerede über das und die Zielvorgabe Gymnasium wird dem Kind suggeriert, alles andere ist nichts wert. Die Zielvorgabe sollte aber in jedem Fall offenbleiben. Auch hier ist der Weg das momentane Ziel.

Ich erinnere mich an eine andere Mutter, die selbst Lehrerin war. Als es um die Entscheidung für den Übertritt auf das Gymnasium ging, fragte sie mich nach meiner Meinung. Diese Mutter war nicht überheblich und äußerte nicht sofort, dass sie das Gymnasium für ihr Kind wünschte. Sie wollte meine Einschätzung hören und erst dann eine Entscheidung treffen. Ihre Tochter war ein Beispiel für eine gute Schülerin, aber diese Mutter wusste, dass es noch weit mehr braucht als gute Noten, um für das Gymnasium geeignet zu sein. Sie war sich bewusst, dass auch Denkvermögen und die Fähigkeit, Gelerntes in neue Zusammenhänge zu bringen, eine Rolle spielen.

Es ist verständlich, dass Eltern das Beste für ihr Kind wollen, aber sie dürfen nicht vergessen, dass das Beste für ihr Kind nicht immer das ist, was sie sich selbst wünschen. Jeder

Elternteil hat eigene Vorstellungen und Erwartungen, aber die wahre Förderung des Kindes liegt darin, das Kind zu seinem eigenen Weg zu ermutigen und ihm die richtigen Werkzeuge zu geben, um das Leben selbstbestimmt zu meistern.

Ich erinnere mich an eine weitere Mutter, die, obwohl sie ein hohes Engagement zeigte, ihrem Kind nicht den Druck machte, das Gymnasium zu „erreichen". Stattdessen achtete sie darauf, dem Kind den Freiraum zu lassen, sich in seinem eigenen Tempo zu entwickeln und dabei stets auf die eigenen Fähigkeiten und Bedürfnisse zu hören. Das ist die richtige Haltung. Denn der Weg eines Kindes ist nicht vorgezeichnet und kann nicht aus den Wünschen der Eltern heraus konstruiert werden. Eltern müssen erkennen, wenn ihr Kind Schwierigkeiten hat, und sich dann Gedanken machen, was für das Kind wirklich das Beste ist.

7.3.1 Eltern, die Selbstversäumtes nachholen möchten

Das Leben verläuft oft nicht so, wie man es sich im Rückblick gewünscht hätte. Besonders die Herkunft aus einfachen Verhältnissen kann desillusionierend und hinderlich wirken, wenn man auf das eigene Leben zurückblickt. Es wird oft erst im Erwachsenenalter deutlich, wie der weitere Lebensweg verlaufen wird, während man als Kind diese Zusammenhänge noch nicht versteht. Viele Kinder gehen den Weg des geringsten Widerstandes, besonders was das Lernen betrifft. Wenn Lernen von Anfang an schwerfällt und es zudem keine Unterstützung von den Eltern gibt, wird mangelnder Ehrgeiz oft den Genen zugeschrieben: „Das hast du von deinem Vater …"

Wenn den Eltern das Geld, das ein Kind vielleicht einmal verdienen könnte, wichtiger ist als die Bildung, dann hat dieses

Kind von vornherein schlechte Voraussetzungen. Dieses Kind versteht nicht, warum sich die anderen Mitschüler um den Übertritt in die weiterführende Schule so viele Gedanken machen. Bildung hat zu Hause keinen hohen Stellenwert. Das Kind kommt auf die Hauptschule, macht einen schlechten Abschluss und findet möglicherweise keine Lehrstelle. Der Weg ist vorgezeichnet. Immer ist das Geld knapp. Als Erwachsener rennt man dem Geld ständig hinterher und erkennt im Vergleich zu anderen, dass man viel härter für sein Geld arbeiten muss, länger und intensiver. Erst dann wird einem klar, was man versäumt hat. „Hätte ich doch damals ... Aber ich hatte keinen Bock zu lernen. Jetzt ist es zu spät." Nur wenige nehmen sich dann zusammen und versuchen den schwierigen Weg, zum Beispiel über eine Abendschule. Der Frust wächst immer mehr. Und irgendwann hat man dann ein Kind, und dieses soll nicht denselben Fehler machen wie man selbst. Aber dieses Kind ist nur ein Kind seiner Eltern, was nie vergessen werden sollte. Natürlich ist es lobenswert, dass den Eltern ihre eigenen schulischen Defizite und der fehlende Ehrgeiz bewusst sind. Doch dabei darf der eigene Intellekt nicht übersehen werden. Viele Menschen, die eine geringere Bildung haben, überschätzen ihre eigene Intelligenz oft und neigen dazu, die Intelligenz anderer Menschen, unabhängig von deren Schulbildung, Ausbildung und Erfahrung, herabzusetzen. Und so hören wir dann Aussagen wie: „Meine Tochter hat doch gutes Deutsch gelernt" – was impliziert, dass die Eltern meinen, den Leistungsstand ihres Kindes besser einschätzen zu können als die Lehrkräfte. Und bei den Übertrittsgesprächen hört man dann auch oft: „Ich kenne mein Kind besser als Sie!"

Ich kann das Dilemma der Eltern nachvollziehen. Sie wollen das Beste für ihr Kind, was in diesem Fall eine höhere Schulbildung bedeutet. Doch dabei wird oft übersehen, ob diese schulische Laufbahn überhaupt das Beste für das Kind ist. Es wird bewusst ignoriert, dass das Kind vielleicht die Anforderungen nicht erfüllen kann. Eltern verschließen ihre Augen vor den Defiziten und schieben die Schuld auf die Lehrkräfte: „Zu Hause kann es das immer, nur in der Schule hat es Probleme." Interessant sind dabei oft Aussagen von Mitschülern, dass das Kind regelmäßig nachmittags bei den Mitschülern wegen Hausaufgaben nachfragt.

Es ist wirklich lobenswert, dass die Eltern versuchen, ihr Kind zu unterstützen und es auf den vermeintlich richtigen Weg zu bringen. Aber das sollte nicht mit aller Gewalt geschehen. Das Kind könnte mit der richtigen, individuellen Unterstützung auf einer für es geeigneten Schule später einen Beruf ergreifen, den es auch gerne ausübt – einen Beruf, in dem es sich gefordert, aber nicht überfordert fühlt. Denn ständige Überforderung führt nur zu Frust und nicht zu den gewünschten Leistungen. Ganz im Gegenteil, das Kind wird scheitern, was sein Selbstvertrauen erheblich beeinträchtigt.

Ein Beispiel für die Folgen von Überforderung und fehlendem Verständnis für die eigenen Grenzen ist der tragische Fall eines Jungen, der in einer Kleinstadt einen Amoklauf verübte. Dieser Junge war ein Realschüler, der bereits mehrere Klassen wiederholt hatte und schließlich ohne Abschluss aus der Schule entlassen wurde. Dieser Extremfall, der sicherlich nicht der Regelfall ist, lässt sich als Ergebnis eines langen Leidensweges vorstellen – ein Weg voller Frust, der sich durch ständige Überforderung, mangelnde Leistung und schließlich durch das Gefühl des Scheiterns bildete. Wenn Eltern den Intellekt ihres Kindes nicht erkennen wollen und die Anforderungen an das Kind zu hoch sind, dann hat das fatale Konsequenzen.

Indes, wenn ich die Intelligenz meines Kindes richtig einschätze, den Verlauf seiner Schulzeit aufmerksam verfolge und mir Rat von den Lehrkräften hole, dann kann ich eine fundierte Entscheidung treffen. Die Anforderungen der weiterführenden Schulen sollten dabei nicht aus meiner Sicht als Elternteil, sondern aus der Sicht des Kindes bewertet werden. Denn nur so kann eine passende Schulwahl getroffen werden.

7.3.2 Eltern, die ihr eigenes Ego aufpolieren müssen

Viele Menschen vergessen, dass man auch ohne Abitur und Hochschulabschluss ein vollwertiger Mensch ist. Was nützt ein höherer, aber gerade noch erreichter Abschluss, wenn man aufgrund unzureichender Noten dennoch keinen Arbeitsplatz findet, besonders in dem angestrebten Berufsfeld? Wenn es dann auch bei Ausbildungsplätzen heißt: „Sie sind für uns zu hoch qualifiziert", aber ein niedrigerer Posten von der Firmenleitung auch nicht vorstellbar ist, stellt sich die Frage nach dem tatsächlichen Nutzen.

Der Wert der Eltern steigt nicht, nur weil das Kind einen höheren Schulabschluss erreicht. Der Wert der Eltern bleibt unverändert, unabhängig von den schulischen Leistungen ihrer Kinder. Mit „Wert" meine ich das Ansehen und die Einschätzung durch Mitmenschen sowie die Beziehung zu den eigenen Kindern.

Es ist daher kaum zu erwarten, dass das eigene Ego durch den Besuch eines Gymnasiums gestärkt wird. Und ob das Kind diesen Wunsch irgendwann anerkennt und den Eltern dankt, ist ebenfalls fraglich. Kinder, die ohne oder mit wenig Eigenmotivation zu einem Abschluss gedrängt werden, erleben diese Zeit oft als enorme Belastung – wenn sie den Abschluss überhaupt erreichen. Und wenn es zu einem Abschluss kommt, ist dieser häufig nur durch Wiederholungen oder Schulwechsel zu erreichen, was wiederum die Eltern in ihrem Ego kränkt und das Selbstwertgefühl des Kindes massiv belastet.

Solche Kinder haben oft das Gefühl, den Eltern nicht zu genügen. Sie verstehen nicht, was in den Eltern vorgeht, sondern erleben es als Bestrafung. Wenn sie trotz aller Bemühungen – sowohl eigener als auch der Eltern – den gewünschten Abschluss nicht erreichen und beispielsweise vom Gymnasium auf die Realschule oder eine noch niedrigere Schule wechseln müssen, zerbricht das Ego der Eltern. Aber auch das Selbstvertrauen des Kindes ist dann nachhaltig beschädigt. Es hat das Gefühl, nie genug zu sein, und wird diesen Gedanken in viele Lebensbereiche tragen. Vor jeder neuen Herausforderung wird es von der unbewussten Angst begleitet: „Ich werde es wieder nicht schaffen." Diese Versagensangst ist oft sehr groß und führt dazu, dass das Kind den einfachsten Anforderungen nicht mehr gelassen begegnen kann. Eine Vermeidungshaltung entsteht. Mit jedem neuen Fehlschlag wächst die Angst vor weiteren Aufgaben, und das Vertrauen in die eigenen Fähigkeiten schwindet. So kann ein Kind nie ein starkes Selbstvertrauen entwickeln.

Das Sprichwort „Hochmut kommt vor dem Fall" trifft hier die Situation der Eltern. Sie müssen sich ein Leben lang mit der Erkenntnis auseinandersetzen, dass sie die Realität nicht wahrhaben wollten und das Selbstvertrauen ihres Kindes aktiv zerstört haben. Ein Kind, das mit solchen Erfahrungen aufwächst, wird es sehr schwer haben, sich aus diesem Fiasko zu befreien. Es wird für den Rest seines Lebens immer wieder mit dem Gedanken konfrontiert sein: „Ich genüge nicht."

Hätten die Eltern hingegen realistischer gedacht, das Kind in den Mittelpunkt gestellt und eine objektive Betrachtung vorgenommen – mit der Brille der denkenden Liebe –, wäre es möglich gewesen, die richtige Schulwahl zu treffen. Ein solcher Ansatz hätte dem Kind ermöglicht, sich nicht nur in der Schule, sondern auch im Leben zu behaupten und zu gedeihen.

7.4 Realität bei der Schulwahl

Realität umfasst sowohl die Vergangenheit, die Gegenwart als auch die Zukunft. In allen drei Zeiten sehen Eltern ihr Kind nicht nur in seiner Entwicklung, sondern stellen leider immer wieder Vergleiche mit anderen Kindern gleichen Alters an. Hier möchte ich auf Maria Montessori, die italienische Pädagogin, zurückkommen. Sie sagte: „Vergleiche niemals ein Kind mit einem anderen, sondern immer nur mit sich selbst." Mit dieser Aussage meinte sie, dass Eltern, Erzieher und Lehrkräfte niemals den Entwicklungsstand eines Kindes mit dem eines anderen Kindes vergleichen sollten. Vielmehr geht es darum, die Fortschritte des Kindes in seiner eigenen Entwicklung zu beobachten und anzuerkennen. Diese Fortschritte werden in der Schule zum Beispiel im Zeugnis dokumentiert. Dort steht nicht, dass der Nachbar in bestimmten Bereichen besser ist als das Kind, noch dass das eigene Kind in anderen Disziplinen besser ist als der Junge oder das Mädchen XY.

Natürlich finden sich im Zeugnis auch Dinge, die den Eltern vielleicht nicht gefallen, die sie gerne überlesen oder als falsch abtun – nach dem Motto: „weil nicht sein kann, was nicht sein darf". Doch diese Reaktionen entstehen nur, wenn Eltern den Entwicklungsprozess ihres Kindes nicht realistisch verfolgen. Als Vater oder Mutter begleite ich mein Kind auf einem langen Stück seines Weges und erkenne, wenn ich realistisch bin, ob mein Kind bestimmte Eigenarten entwickelt. Ich nehme wahr, was es gerne tut, wogegen es eine Abneigung entwickelt, was es gut kann und welche Dinge es schnell erledigen kann. Ich beobachte, ob die Motorik in Ordnung ist, ob Bewegungsabläufe unauffällig oder eher ungewöhnlich sind, ob es schnell reagiert oder mehr Zeit benötigt. Ich sehe, ob es als Baby krabbeln konnte oder nur durch die Wohnung robbte. Hat es das Sprechen verständlich gelernt oder spricht es noch undeutlich? Kann es sich früh allein anziehen oder müssen Mama oder Papa am Morgen noch bei einfachen Dingen helfen?

Wenn ein Kind ständig mit seiner Kleidung oder Frisur beschäftigt ist und sich dadurch vom Unterrichtsgeschehen ablenken lässt, wird es künstlich daran gehindert, seine Eigenständigkeit zu entwickeln. Ein Kind, das nicht in der Lage ist, sich selbst anzuziehen, oder sich nach einer halben Stunde wieder in einem derangierten Zustand befindet, fühlt sich möglicherweise unwohl und wird von seinen Mitschülern bemerkt. In späteren Jahren könnte dieses Bedürfnis nach äußerer Perfektion sogar verstärkt werden, sodass das Kind mehr auf sein Äußeres achtet und weniger auf das Wesentliche. Kinder sind in dieser Hinsicht oft sehr ehrlich und manchmal grausam. Wenn das Kind zu viel Wert auf sein Aussehen legt, verliert es nicht nur Selbstvertrauen, sondern wird auch mehr von seinen Mitschülern beobachtet und bewertet, was die Aufmerksamkeit von der eigentlichen Schulaufgabe ablenkt.

Alles, was ablenkt, kann die Aufmerksamkeit nicht mehr fokussieren, sondern nur noch zerstreuen. Gerade in der Schule ist es aber wichtig, eine Bündelung der Aufmerksamkeit zu erlangen. Hier wieder ist das Mitdenken der Eltern gefragt. Kleidung sollte für ein Schulkind nicht im Vordergrund stehen. Sie sollte einfach, funktional und zweckmäßig sein, sodass das Kind sich ungehindert auf den Unterricht konzentrieren kann. Die Eltern entscheiden: Soll mein Kind nur schön anzusehen sein oder will ich es in seiner Entwicklung unterstützen? Gebe ich dem Willen des Kindes nach und kaufe allerhand Firlefanz, nur weil gerade eine Comicfigur modern ist oder ein anderes Kind damit zur Schule geht? Ist Schmuck in der Schule wichtig? Darf etwas davon verloren gehen oder gibt es dann Ärger? Dies sind alles Punkte, die das Kind zusätzlich unter Druck setzen und noch mehr ablenken. Es muss ja achtgeben auf verschiedene Mitbringsel, es muss sie den anderen Kindern zeigen, damit herumstolzieren, natürlich schreien, wenn es die Begehrlichkeit der Mitschüler so sehr geweckt hat, dass die Utensilien nach und nach „Füße kriegen", sich mit anderen darum schlagen, es verleihen und nicht mehr zurückbekommen, während der Unterrichtszeit suchend über den jetzt leeren Schulhof gehen, weil etwas verloren wurde und so weiter.

Auch außergewöhnliche Stifte sind sehr beliebt. Und die Empörung groß, wenn die Lehrkraft diesen Stift für die Kinderhand als ungeeignet befindet. „Meine Mama hat aber gesagt, ich darf damit schreiben." Punkt. Widerspruch zwecklos. Auch hier kann ich die Eltern verstehen. Sie möchten die Schreibfreudigkeit des Kindes mit einem außergewöhnlichen Stift anregen und unterstützen. Doch auch dieses Unterfangen kann nach hinten losgehen. Wenn sich nämlich der Stift als ungeeignet erweist, das Kind damit große Probleme hat, weil er zu dünn, zu dick, zu lang, zu plüschig, zu glitschig, zu rund, zu eckig ist, das Kind damit ausrutscht, es ihn nicht halten kann oder ihn zu festhält, es sich verkrampft, ist der Spaß schnell dahin und der Frust wiederum groß.

Zudem wecken diese Dinge wieder die Begehrlichkeit der Mitschüler und der Stift kann wieder schnell Füße bekommen. Beim Ausleihen kommt es oft vor, dass er beschädigt wird oder zerbricht. Blinkende und leuchtende Stifte haben oft dieses Problem. Anstatt die Schreibfreudigkeit anzuregen, wird das Kind nur noch mehr abgelenkt. Am Ende hat es weniger auf dem Papier stehen, was auch dann noch häufig unsauberer ist.

7.5 Realistische Eltern

Realistische Eltern haben all das erkannt. Sie unterstützen ihr Kind, indem sie alles, was das Kind zusätzlich belastet oder ablenkt, von ihm fernhalten. Sie konzentrieren sich auf die natürliche Entwicklung des Kindes und erkennen dessen individuelle Stärken und Schwächen. Sie decken die noch nicht ausgereiften Entwicklungsschritte nicht zu, sondern akzeptieren diese als Aufgaben, an denen gemeinsam mit den Lehrkräften gearbeitet wird. Wenn eine Auffälligkeit bemerkt wird, reagieren sie interessiert und wollen mit der Lehrkraft zusammen an einer Lösung arbeiten, statt alles als falsch oder übertrieben abzulehnen.

Für diese Eltern sind die Lehrkräfte keine Feinde, die etwas aufdecken, was verborgen bleiben soll. Sie sehen sie als Partner in der Entwicklung ihres Kindes, die einen anderen Blickwinkel und wertvolle Erfahrungen einbringen. Realistische Eltern nehmen diese Perspektive an und freuen sich, neue Seiten ihres Kindes kennenzulernen. Sie fügen die Puzzleteile aus Kindergarten, Zuhause und der Schule zusammen und erkennen die wahre Entwicklungsgeschwindigkeit und -qualität ihres Kindes. Diese Erkenntnis ermöglicht es ihnen, die richtige Schulform auszuwählen, die das Wohl ihres Kindes fördert.

Eltern können viel falsch machen, doch sie können auch vieles richtig machen, wenn sie nur das Wohl ihres Kindes im Auge behalten – ohne dabei andere Kinder oder gesellschaftliche Erwartungen in den Vordergrund zu stellen.

8. Die Lehrkräfte und die Schulleitung

In diesem Dilemma kommt der Schulleitung und den Lehrkräften eine zentrale und anspruchsvolle Aufgabe zu. Ihre Rolle umfasst nicht nur das pädagogische Arbeiten mit den Schülern, sondern auch die klare, transparente und souveräne Kommunikation mit den Eltern. Vor allem in herausfordernden Situationen ist es entscheidend, dass die Schulleitung und das Lehrpersonal gemeinsam eine einheitliche Linie vertreten und sich gegenseitig unterstützen. Dazu gehört, dass die Schulleitung aufkommende Konflikte frühzeitig erkennt, ernst nimmt und in einer neutralen und fairen Weise moderiert.

8.1 Die Lehrkräfte

Ich erinnere mich an meine eigene Grundschulzeit und an Erzählungen meiner Eltern von ihrer Schulzeit. Der Lehrer, die Lehrerin wurde damals als Institution betrachtet. Er oder sie war in diesem Amt eingesetzt und als Respektsperson angesehen. Es wurde anerkannt und nicht infrage gestellt, dass der Lehrer oder die Lehrerin wusste, wovon er oder sie sprach, dass Erfahrung im Beruf vorhanden war, ähnlich wie bei einem Automechaniker oder Metzger. Die Aussagen des Lehrers wurden nicht angezweifelt, und die Eltern stellten sich nicht über die Lehrkräfte. Auch die Kinder hatten Respekt vor ihren Eltern und allgemein vor Erwachsenen. Selbstverständlich wurde ihnen auch Respekt vor der Lehrkraft vermittelt.

Die Grundschullehrkräfte damals mussten wesentlich weniger mit Verhaltensauffälligkeiten und Fehlverhalten in Form von Ungehorsam und Eigensinnigkeit gegenüber den Lehrkräften kämpfen. Ich hatte zwei Direktorenkinder (vom Gymnasium und der Realschule) als Mitschülerinnen, und auch diese unterschieden sich in keinerlei Hinsicht von den

Kindern aus Arbeiterfamilien – weder im Verhalten noch in der Kleidung oder Schulausstattung. Diese Kinder wurden nicht mit dem Auto zur Schule gebracht, obwohl ihre Eltern bereits ein Auto besaßen. Sie gingen ebenso zu Fuß und brachten ein Butterbrot mit wie alle anderen auch. Zu trinken gab es aus einem Wasserkran auf dem Schulhof, und natürlich hatten wir zu Hause gefrühstückt.

An dieser oft fehlenden Normalität von heute arbeitet eine Lehrkraft täglich. Ein erheblicher Teil der Schulzeit muss darauf verwendet werden, den Fokus aller Kinder auf die Lehrkraft und den zu vermittelnden Stoff zu lenken. Die Kinder sind heute auf vielfältigste Weise abgelenkt, und diese Ablenkung kommt oft auch von zu Hause. Manche Kinder kommen übermüdet zur Schule, weil sie lange ein Fernsehprogramm gesehen haben, das für sie noch nicht geeignet war. Daraus resultieren Schlafmangel und fehlende Konzentration, und sie sind oft so aufgedreht, dass sie dem Nachbarn lautstark davon berichten müssen – stolz darauf, dass sie so lange aufbleiben durften.

Andere Kinder sind von einem Computerspiel so vereinnahmt, dass sie mit den Ereignissen des Spiels ins Bett gegangen sind, davon geträumt haben und morgens mit diesen Gedanken aufwachen. All ihre Gedanken hängen noch an diesem Spiel, sodass kein Raum für neue Erkenntnisse bleibt.

Manche Kinder kommen auch ohne Frühstück in die Schule. Das merkt man schnell am schlechten Atem der Kinder. Die Eltern entschuldigen sich oft damit, dass das Kind morgens nichts essen wolle. Aber Erziehung ist ein Beispiel: Wenn die Eltern sich selbst kein Frühstück bereiten und mit dem Kind gemeinsam frühstücken, wie soll das Kind dann wissen, wie man Frühstück macht? Ein Kind muss ans Frühstück herangeführt werden, und auch hier kann eine schöne Routine entstehen, die dem Kind Wohlgefühl vermittelt.

Natürlich hat ein Kind Hunger und Durst nach dem Aufstehen. Der Körper hat viele Stunden im Schlaf nichts erhalten, und deshalb nimmt es diesen Durst und Hunger mit in die Schule. Nach nicht einmal einer halben Schulstunde kommt dann die Frage: „Wann ist Frühstückspause?" Mir tun diese Kinder immer leid, vor allem die, die weder zu Hause gefrühstückt noch ein Pausenbrot dabeihaben. Für diese Kinder ist der Schulmorgen besonders schwer zu ertragen. Denn es ist allgemein bekannt, dass erst die Grundbedürfnisse eines Menschen erfüllt sein müssen, bevor er sich auf seine geistigen Aufgaben konzentrieren kann. Ein hungriger oder durstiger Magen lenkt ab und stört das Wohlbefinden.

Warum erzähle ich all das? Was hat das mit der Lehrkraft zu tun? Die Lehrkräfte müssen sich auf all diese Individualitäten einstellen – und zwar jeden Tag aufs Neue. Jeden Morgen kommen viele Kinder leider nicht ausgeglichen zur Schule. Jedes Kind möchte in seiner Eigenart angenommen und behandelt werden. Viele Kinder kommen laut und lärmend in den Klassenraum, ohne sich ihrer Energie bewusst zu sein. Wenn ich nach dem „Warum?" frage, ist das Kind meist überrascht. Die Kinder werden mit dem Auto zur Schule gebracht. Die körperliche Energie, die sich im Schlaf neu bilden konnte, wurde nicht auf dem Schulweg gebraucht und bedarf jetzt der Auslebung. Sie müssen diese unbewusste Energie oft zuerst loswerden, bevor sie sich auf den Unterricht konzentrieren können. Manche Kinder fragen sogar, ob sie noch einmal auf den Schulhof dürfen, um sich auszutoben.

Wenn der Unterricht beginnt, gibt es immer wieder Verzögerungen. Manche Kinder sind noch mit der morgendlichen Routine beschäftigt, liegengelassene Jacken vom Boden aufzuheben, aufzuhängen, Schuhe richtig hinzustellen. Die Begrüßung wird verzögert, weil nicht alle Kinder sofort aufstehen oder reagieren, manche unterhalten sich noch miteinander oder nehmen noch einmal ihr Spielzeug hervor.

Weiter geht es zur Hausaufgabenbesprechung. Oft müssen die Kinder mehrfach aufgefordert werden, ihre Hausaufgaben herauszunehmen, und der Lärmpegel steigt erneut. Das Gespräch mit dem Nachbarn wird wieder aufgenommen, einem Kind ist gerade etwas eingefallen, das es sofort mir oder einem Nachbarn schräg gegenüber erzählen muss.

Bis alle die Hausaufgaben auf dem Tisch haben, vergeht viel Zeit. Einige haben ihre Hausaufgaben vergessen, andere haben sie nicht gemacht – sie müssen nachgereicht werden, wozu ich natürlich etwas sagen muss. Es wird wieder zusätzlich aufgeschrieben, damit es überhaupt nachgereicht wird. Oft interessiert es diese Kinder gar nicht. Woher kommt diese Einstellung?

Wenn die Hausaufgabenbesprechung erledigt ist, können wir endlich mit etwas Neuem anfangen – sofern alles wieder eingepackt ist, alle Kinder auf ihrem Stuhl sitzen, niemand gerade Bleistift oder Buntstifte anspitzen oder seinen Radiergummi suchen muss, sein neuestes Spielzeug hervorholt, plötzlich Durst oder Hunger hat, aufs Klo muss. Und natürlich hat man alle Kinder stets im Blick und geht auf alle Befindlichkeiten eines jeden Kindes sofort ein. Tut man das nicht, brodelt es sofort an einer Ecke weiter. Denn fühlt sich ein Kind gerade nicht beobachtet und gefordert, beginnt es eigene Aktivitäten, wobei das Mit-sich-selbst-Beschäftigen noch am harmlosesten ist. Schlimm wird es, wenn Kinder anfangen, ihren Nachbarn, Vordermann oder auch ein weiteres Kind im Klassenraum zu ärgern. Das kann sich dann bis zu einer plötzlichen Rauferei steigern. Und niemand weiß genau, was eigentlich passiert ist und warum plötzlich jemand wutentbrannt zu einem anderen Kind rennt und dieses schlägt.

Erst wenn all diese Ablenkungen überwunden sind und alle Kinder auf ihren Plätzen sitzen, der Unterricht beginnen kann, ist es möglich, sich auf neue Themen zu konzentrieren.

Und zwischen all diesen Ablenkmanövern lernen die Kinder noch Rechnen, Schreiben, Lesen und viele andere Dinge.

Die landläufige Meinung über den Lehrerberuf ist oft, dass es sich um einen Halbtagsjob handelt – der Lehrer geht morgens ein bisschen in die Schule und hat nachmittags Zeit zum Kaffeetrinken. Ich bin es müde, Nichtlehrern die anstrengende Tätigkeit in der Schule zu erklären, denn nur wer es selbst erlebt hat, persönlich und hautnah, kann nachvollziehen, wie aufreibend dieser Beruf wirklich ist. Und dass man nach einem anstrengenden Schulmorgen oft völlig erschöpft ist und erst einmal nichts mehr sehen und hören möchte.

Mit zunehmendem Alter verstärkt sich dieses Gefühl, und viele Kollegen sprechen in der Gesellschaft nicht mehr über ihren Beruf, um der Unwissenheit und Überheblichkeit einiger Menschen zu entgehen. Die wenigsten Kollegen schaffen es bis zum Renten- oder Pensionsalter. Dabei haben die meisten Kollegen den Beruf ursprünglich mit viel Enthusiasmus ergriffen. Es macht Spaß, mit Kindern zu arbeiten, es ist abwechslungsreich und jeden Tag anders. Diese Tätigkeit kann sehr befriedigend sein. Denn auch wenn sich der Lehrstoff wiederholt, ist jede Stunde einzigartig – immer wieder neue Kinder, die unterschiedlich reagieren. Diese Arbeit hat ihre eigenen Freuden: die Freude, wenn ein Kind plötzlich etwas kann, bei dem es sich zuvor schwertat, oder die Freude über spontane Äußerungen von Kindern, die uns die Kindlichkeit zeigen und uns an die eigene Kindheit erinnern. Auch die Unterstützung vieler Eltern, sei es mental oder praktisch, ist eine wertvolle Bestätigung.

Dennoch wird die Arbeit mit den Jahren zunehmend schwieriger – nicht nur wegen des fortschreitenden Alters. Sie könnte so schön sein, doch der tägliche Aufwand, die ständige Anforderung an die eigene Geduld und Flexibilität macht sie immer anstrengender.

Als Lehrkraft soll man allen und allem gerecht werden. Man soll alles aushalten und ertragen. Das bedeutet, sowohl den menschlichen Bedürfnissen als auch den fachlichen Anforderungen gerecht zu werden. Auf jedes Kind muss individuell eingegangen werden – und zwar jeden Tag aufs Neue, da jedes Kind an jedem Tag anders gelaunt zur Schule kommt. Die Lehrkraft muss diese Laune erkennen und darauf eingehen. Zusätzlich muss sie für jeden spontanen Gesprächsbedarf der Kinder sowie der Eltern Zeit und Muße haben.

Gleichzeitig ist die Lehrkraft verpflichtet, ihren fachlichen Aufgabenbereichen gerecht zu werden und diese unbeirrt zu verfolgen. Darüber hinaus muss sie auch zahlreiche Herausforderungen aushalten und ertragen:

- den Lärm der Kinder,

- die Unruhe vieler Kinder,

- die vielfältigen Launen,

- Brech- und Nasenbluten-Attacken,

- laufende Nasen und ständigen Hustenreiz, besonders im Winter,

- ständig störende Kinder,

- schimpfende Kinder, wenn ihnen etwas nicht gefällt,

- schlecht riechende Kinder,

- desorientierte Kinder,

- Eltern, die ihr Kind auch im vierten Schuljahr noch bis in die Klasse begleiten,

- Eltern, die sich suchend nach irgendetwas im Klassenraum umsehen,

- Eltern, die die Lehrkraft kurz vor oder nach dem Unterricht abfangen, um Grundsatzdiskussionen führen zu wollen.

Und bei allem muss die Lehrkraft fachlich und methodisch korrekt auf jedes Kind eingehen. Sie muss es dort abholen, wo es steht – und zwar jeden Tag aufs Neue.

8.2 Die Schulleitung

Eine der wichtigsten Aufgaben der Schulleitung besteht darin, ein Arbeitsumfeld zu schaffen, das den Lehrkräften den Rücken stärkt und die Grundlage für konstruktive Zusammenarbeit mit den Eltern schafft. Regelmäßige Feedback-Gespräche, klare Kommunikationswege und ein respektvoller Umgang sollten selbstverständlich sein, damit Konflikte nicht eskalieren. Gelingt es der Schulleitung, eine Kultur des Vertrauens zu etablieren, fühlen sich auch die Eltern eher dazu angeregt, eventuelle Anliegen direkt mit der Lehrkraft und in einem respektvollen Ton anzusprechen.

Ebenso sollten Lehrkräfte im Umgang mit Eltern gut vorbereitet und auf schwierige Gespräche geschult sein. Hier kann die Schulleitung durch Fortbildungen und Supervision unterstützend wirken. Es ist hilfreich, wenn Lehrkräfte in solchen Gesprächen transparent auf die individuellen Entwicklungsbedarfe der Schüler eingehen und erklären können, wie sie die Förderung gestalten. Dies schafft Verständnis und Vertrauen, auch wenn nicht immer alle Erwartungen erfüllt werden können.

Wird eine Lehrkraft jedoch systematisch infrage gestellt oder ungerecht behandelt, sollte die Schulleitung nicht zögern, klare Position zu beziehen. In solchen Fällen ist es unerlässlich, dass die Schulleitung auf eine faire und wertschätzende Umgangsweise besteht und dem Lehrpersonal

Rückendeckung gibt, um Mobbing vorzubeugen und ein positives Arbeitsklima zu gewährleisten.

Zusammengefasst ist es die Aufgabe der Schulleitung, eine Balance zwischen Eltern, Schülern und Lehrkräften zu schaffen und als Vermittlerin zu agieren. Ein kooperatives Miteinander auf der Basis von Vertrauen und Respekt ist die Grundvoraussetzung für ein harmonisches und förderliches Schulumfeld – sowohl für die Schüler als auch für die Lehrkräfte.

8.2.1 Fehlende Rektorinnen und Rektoren

Seit einigen Jahren gibt es immer mehr offene Stellen im Bereich der Schulleitung, und immer mehr Schulen müssen ohne Rektor oder Rektorin auskommen. Warum ist das so?

Natürlich könnte es am Einstellungssystem der Regierung liegen. Anwärter auf den Schulleitungsposten müssen sich mehreren Prüfungen unterziehen. Sind sie dann als solche eingestellt, arbeiten sie zunächst auf Probe. Konrektoren erhalten das höhere Gehalt erst nach einer gewissen Probezeit. Doch das allein kann es nicht sein. Auch wenn es absehbar ist, dass diese Voraussetzungen zwar nicht ideal, aber dennoch von den meisten als bekannt und hinnehmbar betrachtet werden, lässt sich dies nicht als das einzige Hindernis anführen.

Ich sehe die Ursache vielmehr woanders. In Nordrhein-Westfalen sind die Mitarbeit und das Engagement der Eltern ausdrücklich erwünscht. In den Richtlinien von 2008 heißt es wörtlich:

„Die Einbeziehung der Eltern und ihr Engagement für schulische Aufgaben sind ein wichtiger Bestandteil der schulischen Arbeit. Kinder lernen erfolgreicher, wenn sie von ihren Eltern unterstützt werden. Diese Unterstützung kann nicht immer in gleichem Maße vorausgesetzt werden. Sie muss daher im Sinne einer Erziehungspartnerschaft entwickelt werden. Die Erziehungspartnerschaft zwischen Schule und Elternhaus schlägt sich nieder in gemeinsam erarbeiteten Vereinbarungen über Erziehungsgrundsätze und -ziele, die wechselseitige Pflichten in Erziehungsfragen festlegen.

Durch Information über die Richtlinien und die Lehrpläne sowie durch die Rückmeldungen der Lehrkräfte über den Unterricht, die Bewertungskriterien und den Leistungsstand ihres Kindes sowie die Möglichkeit, am Unterricht teilzunehmen, werden die Eltern in die Bildungs- und Erziehungsarbeit der Schule einbezogen. Sie werden dadurch in die Lage versetzt, zu Hause mit ihren Kindern über die Arbeit im Unterricht zu sprechen, sie zum Lernen anzuhalten und sich mit den Lehrkräften über Lernfortschritte und Lernschwierigkeiten auszutauschen. Die Mitarbeit der Eltern in den entsprechenden Gremien der Schule, die Mitwirkung im Schulprogramm und die aktive Unterstützung der Schule sind wichtig und erwünscht.“[1]

Das klingt gut, doch leider wird diese Einbeziehung oft überschätzt, falsch ausgelegt und meines Erachtens auch ausgenutzt, um ein eigenes „Schlachtfeld" zu eröffnen – besonders der letzte Satz lädt dazu ein. Bei manchen Eltern könnte man glauben, sie hätten in diesem Kontext eine neue Lebensberechtigung gefunden.

---

[1] Richtlinien und Lehrpläne für die Grundschule in Nordrhein-Westfalen, herausgegeben vom Ministerium für Schule und Weiterbildung des Landes NRW, Düsseldorf, Ritterbach Verlag, 1. Auflage 2008, S. 18 Punkt 9.

Es geht mittlerweile so weit, dass sich manche Eltern die Richtlinien und Lehrpläne kaufen und akribisch verfolgen, was im Unterricht gemacht wurde und was nicht. Eltern verstehen die Mitwirkung nicht als positive Unterstützung in Bereichen, in denen sie vielleicht zusätzliches Wissen in die Gremien einbringen könnten. Nein, viele Eltern sehen sich dazu veranlasst, die Belange der Schule zu leiten und zu gestalten. Sie sehen nicht, dass die Schule ein großes Gefüge aus vielen Einzelteilen ist. Stattdessen haben sie das Gefühl, dass ihnen Macht übertragen wurde, und sie bringen sich beispielsweise auch um 8 Uhr am Dienstagvormittag ein, wenn sie etwas zu bemängeln haben. Sollte die Lehrkraft nicht anwesend sein, wird der Rektor oder die Rektorin aufgesucht. Und diese/r befindet sich möglicherweise in einem Zwiespalt. Er/sie weiß zwar von den Richtlinien, aber auch, dass er/sie die Verantwortung und Führung der Schule trägt.

Die neuen Richtlinien vom 18. Juli 2024 wurden dahin gehend drastisch reduziert.

Es gibt Eltern, die sich bei Bekannten erkundigen, die ihre Kinder in anderen Schulen haben, und vergleichen, was dort gemacht wird. Sie verfolgen den Ablauf, vergleichen mit dem Lehrplan der eigenen Schule und wehe, es gibt eine Diskrepanz. Und natürlich gibt es immer eine Diskrepanz. In Nordrhein-Westfalen heißt das Zauberwort „Kompetenz". In den Richtlinien werden Schwerpunktbereiche festgelegt, zu denen dann ein passendes Thema von der Lehrkraft gewählt wird. An diesem Thema werden die geforderten Kompetenzen entwickelt. Schule A hat zum Beispiel den Bereich „Wasser" beim Thema Umweltschutz gewählt, Schule B „Energie" und Schule C „Papier". Da es aber um die Kompetenzerwartungen geht, ist die Wahl des Bereichs absolut flexibel, zweitrangig und nicht miteinander vergleichbar.

Dieses Wort „Flexibilität" kennen viele der heutigen Eltern ebenfalls nicht mehr. Wenn sich bei einem Lehrerwechsel der Unterrichtsstil ändert, wird die Flexibilität der Eltern gefordert. Jede Lehrkraft arbeitet anders, so wie jeder Mensch einzigartig ist. Flexibilität bedeutet, dass ich mich ohne Angst auf etwas Neues einstellen kann. Aber da viele Eltern ängstlich und verunsichert sind, vergleichen sie natürlich die Methoden mit der alten Lehrkraft. Und auch hier gibt es Unterschiede – ganz selbstverständlich. Eine große Angst macht sich breit. Das Neue kann nicht gut sein, das Alte ist bekannt, man möchte es zurückhaben, weil man sich nicht umstellen muss.

8.2.2 Freie Schulwahl

Und nun kommt der Rektor oder die Rektorin ins Spiel. Diese Person muss die Unsicherheit der Eltern abfangen und eine Gratwanderung betreiben. Eltern wählen die Schule für ihre Kinder aus. Doch nach welchen Kriterien tun sie das?

Ich halte diese neue Regelung der freien Schulwahl in der heutigen, oben beschriebenen Situation für sehr bedenklich und für die Kinder ungünstig.

Nach welchen Kriterien wählen die Eltern die Schule aus?

8.2.2.1 Die Schule hat einen guten Ruf

Wie erwirbt man sich einen guten Ruf? Was bedeutet eigentlich „guter Ruf"? Ein guter Ruf entsteht, wenn man viel Positives hört. Aber woher kommt dieses Positive? Oft von anderen Eltern. Was gilt heute als positiv? Es ist das, was mit den Vorstellungen der Eltern von einer guten Schule übereinstimmt. Was nicht den eigenen Vorstellungen entspricht, wird als negativ wahrgenommen, und die Schule hat dann einen schlechten Ruf.

Wie entwickeln sich die Vorstellungen von einer guten Schule? Ich denke, die eigene Lebenserfahrung mit dem Schulleben spielt eine große Rolle. Aber wie können Eltern wissen, wie es in einer Schule von heute zugeht, wenn ihre eigene Schulzeit schon einige Jahre zurückliegt? Glücklicherweise könnte es der Fall sein, dass die eigene Schule mit dem ursprünglichen Rektor oder der Rektorin noch besteht und man dort gute Erfahrungen gemacht hat. Doch leider ist das nicht oft der Fall. So bleibt nur die Möglichkeit, sich bei Bekannten, deren Kinder bereits diese Schule besuchen, zu erkundigen, wie zufrieden sie sind. Eine Garantie für die Richtigkeit der Informationen gibt es jedoch nicht. Denn wie bereits gesagt: Jedes Kind ist einzigartig, ebenso wie jeder Mensch.

Viele Eltern richten sich jedoch nicht nach ihren eigenen Vorstellungen, sondern orientieren sich an denen anderer Eltern, die sie bewundern, beneiden oder besonders hoch achten. Wenn eine Schule derzeit als „In-Schule" gilt, wird das eigene Kind ebenfalls dorthin geschickt – oft auch aus Gründen des sozialen Prestiges. Aus diesem Grund nimmt man sogar längere Wege in Kauf, obwohl eine andere Schule in der Nähe wäre.

8.2.2.2 Die anderen Kinder aus dem Kindergarten gehen auch dorthin

Für viele Eltern ist es wichtig, dass ihr Kind Anschluss in der Schule findet, um sich schnell einzuleben. Wenn Kinder aus dem Kindergarten die gleiche Schule besuchen, erleichtert dies den Übergang, da bereits bekannte Gesichter für soziale Sicherheit sorgen.

8.2.2.3 Es besteht ein offener Ganztag

Für viele berufstätige Eltern ist ein offener Ganztag eine notwendige und sinnvolle Lösung. Die Kinder werden dort kompetent von Erziehern und Lehrkräften betreut, was eine wichtige Unterstützung für Eltern ist, die während des Arbeitstags auf eine zuverlässige Betreuung angewiesen sind.

8.2.2.4 Die Busverbindung klappt

Die Eltern fühlen sich sicher, wenn ihr Kind nicht zu Fuß nach Hause gehen muss, sondern mit einer zuverlässigen Busverbindung nach Hause kommt. Eine gute Erreichbarkeit der Schule mit öffentlichen Verkehrsmitteln gibt den Eltern zusätzliche Sicherheit und sorgt dafür, dass das Kind unabhängig und sicher zur Schule und wieder nach Hause gelangen kann.

8.2.3 Konkurrenzdenken

Wie man bereits erkennen kann, ist der gute Ruf der Schule für die Eltern das wichtigste Kriterium. Auch hier ist wieder die Schulleitung gefragt. Konkurrenzdenken breitet sich aus, und immer häufiger wird nicht mehr gefragt, wie man seine Kollegen unterstützen kann. Diese Frage gerät zunehmend in den Hintergrund. Der Fokus liegt vielmehr auf der Zurschaustellung eigener Schulaktivitäten, insbesondere solcher, an denen Eltern sich beteiligen können. Auf diese Weise wird die Schule publik, Medien werden aufmerksam oder eingeladen. Die Eltern fühlen sich wichtig, doch das gesamte Gefüge der Schule gerät aus der Bahn.

Manche Konrektoren betreiben einen derart ausgeprägten Aktionismus, dass man nur mit dem Kopf schütteln kann. Hierzu ein Beispiel: In einer Klasse fand ein Lehrerwechsel im Fach Sachunterricht statt. Die neue Kollegin, die gleichzeitig Konrektorin war, ließ als erste Unterrichtseinheit eine Expertenarbeit durchführen. Die Kinder sollten sich ein naturkundliches Thema aussuchen und darüber eine Expertenarbeit verfassen – im dritten Schuljahr. Sie stellte Literatur zur Verfügung und ermöglichte den Zugang zum Internet. Natürlich war die Zeit in der Schule zu knapp, sodass die Kinder ihre Arbeiten zu Hause fortsetzen mussten. Was denken Sie, wer dabei wohl am meisten geholfen hat? Es ist ja verständlich, dass niemand sich blamieren möchte.

Bei der abschließenden öffentlichen Präsentation, zu der Eltern und Großeltern eingeladen wurden, war es offensichtlich, bei welchen Arbeiten die Eltern den größten Anteil hatten. Einige Kinder gaben sogar zu, dass sie das ganze Wochenende mit ihren Eltern an den Arbeiten gebastelt und geschrieben hätten. Die Konrektorin stellte sich in dieser Situation als äußerst kompetent dar: „Seht her, was ich alles kann! Ich bin die Beste", um sich so von der vorherigen Sachunterrichtskollegin abzugrenzen. Diese Kollegin war mittlerweile nicht mehr an der Schule, und wir Kolleginnen und Kollegen waren sehr froh, dass sie das nachträgliche Bloßstellen nicht mehr erleben musste. Muss das wirklich sein? Anstatt sich zunächst auf bewährte Methoden zu stützen und den Eltern zu zeigen, dass es gut ist, wie es bisher war, stellte sich eine Einzelperson heraus und vermittelte den Eindruck: „Es kann auch anders laufen. Ich kann es besser." Dabei wurde nicht nur die ehemalige Kollegin bloßgestellt, sondern auch bei den Eltern Unsicherheit erzeugt. Sie fragten sich: War das bisherige System möglicherweise nicht ausreichend? Hatten die Kinder etwas versäumt?

An diesem Punkt steht dann die einsame Schulleitung, die versuchen muss, die Eltern zu beruhigen, ohne sie zu verschrecken – denn sie könnten ihr Kind andernfalls abmelden. Die Schulleitung muss die Missstimmungen der Eltern beachten, auch wenn sie dadurch einen Kollegen übergeht. Denn inzwischen sind die Eltern das Wichtigste im Schulgefüge.

Der Drahtseilakt zwischen der Schulleitung und Eltern wird immer schwieriger. Die Eltern werden immer fordernder, in der festen Überzeugung, dass sie am längeren Hebel sitzen: „Wenn mir nicht entgegengekommen wird, melde ich mein Kind woanders an. Punkt." Doch ist es wirklich gut und richtig, den Forderungen der Eltern nachzugeben? Nein, häufiges Nachgeben führt dazu, dass die Schulleitung als labil wahrgenommen wird. Labilität erzeugt Unsicherheit, und diese Unsicherheit überträgt sich schnell auf die Eltern. Das Unwohlsein wächst, steigert sich zu Angst – und das Kind wird letztlich doch abgemeldet.

8.2.4 Eine einfache Struktur der Grundschule

Trotz allem gilt nach wie vor: Die Schule mit ihrer Schulleitung und den Lehrkräften sollte an einem Strang ziehen. Nur so kann sie nach außen Sicherheit ausstrahlen und Vertrauen bei den Eltern aufbauen. Sicherheit in der eigenen Arbeit vermittelt den Eltern ein gutes Gefühl – und das ist entscheidend.

Dafür wäre eine einfache Struktur der Schule von enormer Bedeutung. Und zwar für jede Schule. Die Basis einer jeden Grundschule sollte ein grundlegendes Fundament darstellen, bestehend aus dem grundlegenden Erlernen und dem Umgang mit der deutschen Sprache, mit der Mathematik und dem Sachunterricht. Und zwar mit dem Hauptaugenmerk auf das Wörtchen „grundlegend". Was hilft mir ein gut formulierter Text, wenn die Rechtschreibung so gut wie nicht vorhanden ist? Oft wird das Pferd an deutschen Schulen von hinten aufgezäumt. Ständig wird etwas Neues ausprobiert. Gerade in dem Fach Deutsch wird viel „Schönes" gemacht, indem die unterschiedlichsten Arten von Texten entstehen. Das Basiswissen bleibt aber auf der Strecke, weil dann für zum Beispiel Rechtschreibung die Zeit fehlt. Diese ist nun mal begrenzt.

Ich erinnere mich gut an die Frage einer Mutter, wann die Kinder denn mal wieder etwas Schönes machen würden. Ich hatte diese dritte Klasse von einer Kollegin übernommen und stellte fest, dass die Rechtschreibung auf der Strecke geblieben war. Die Kinder schrieben, wie ihnen der Schnabel gewachsen war, ohne Punkt und Komma und ohne irgendwelche Regeln. Es waren teilweise schöne Texte, auch wenn man manche nicht entziffern konnte, auch weil die Schrift nicht ausgereift war. Als ich der Mutter sagte, dass mir die Rechtschreibung doch sehr wichtig sei, meinte sie, das gebe sich doch im Laufe der Zeit von allein.

Ebenso die Schrift. Das zeigte mir ganz deutlich, wo die Prioritäten in dieser Klasse lagen. Ganz eindeutig nicht bei den so wichtigen Grundlagen.

Und da sind wir wieder bei den Regeln und Werten. Etwas Einfaches, Grundlegendes wird nicht mehr gewertet. Und das, obwohl das Erlernen dieser Grundwerte vielen sehr schwerfällt und viel Arbeit und auch Fleiß beinhaltet. Aber das sieht man ja nicht. Damit kann eine Mutter oder ein Vater nicht vor den anderen Eltern angeben. „Mein Kind hat jetzt die Vergangenheitsform verstanden", hört sich einfach nicht so gut an, als wenn ein Elternteil sagen könnte: „Das Gedicht ist ihm/ihr ganz gut gelungen." Nur angucken darf man es dann nicht.

In Mathematik ist es ähnlich. Was nützen den Kindern die schönsten Mathespielchen, wenn sie die Zahlen nicht schreiben können, geschweige denn davon eine Vorstellung haben? Ich musste mit Eltern schon diskutieren, weil ihr Sohn, Drittklässler, beim Erlernen der Zahlenschreibweise irgendwie gefehlt zu haben schien. Die Vieren schrieb er wie eine Neun und umgekehrt. Teilweise konnte ich Punkte nicht vergeben, weil die Lösung schlichtweg falsch geschrieben war. Ich erhielt Drohbriefe mit der sofortigen Aufforderung, die Punktebewertung zu ändern. Ihr Sohn würde eben so schreiben.

Aber zurück zur Schulleitung. Für den Aufbau einer soliden Schule, die sich vom Wettbewerb mit anderen Schulen abheben würde, braucht die Schulleitung besonders viel Mut. Allein das Rückgrat zu zeigen, erfordert große Kraft. Und diese Konsequenz ist in allen Bereichen des Lebens – und insbesondere im Schulleben – entscheidend.

Neben all dem muss eine Schulleitung auch zahlreiche Planungsaufgaben übernehmen, in verschiedenen Gremien präsent sein, an zahlreichen Sitzungen teilnehmen und Präsentationen erstellen. Zudem hat sie nur die halben Ferien, da stets organisiert werden muss.

All diese Anforderungen, besonders die stetig steigenden Forderungen mancher Eltern, die nicht einmal davor zurückschrecken, die Lehrkräfte zu Hause zu kontaktieren und auch vor der Schulleitung keinen Halt machen, tragen nicht dazu bei, den Posten der Schulleitung attraktiver zu machen. Wen wundert es da noch?

9. Das Elterngetratsche

 Ich habe mich oft gefragt, warum sich vor den Schulen häufig Grüppchen von Müttern oder Vätern bilden. Da mein Sohn immer selbstständig zur Schule ging, hatte ich diese Phänomene zur Zeit seiner Schuljahre nie direkt beobachtet. Mittlerweile habe ich herausgefunden, was in diesen Grüppchen diskutiert wird: Meistens dreht es sich um die angeblichen Unzulänglichkeiten der Klassenlehrkraft und des gesamten Lehrkörpers. Da die Eltern selbst nicht am Unterricht teilnehmen können, sind sie auf die Aussagen ihrer Kinder angewiesen, die zu Hause oft in Einzelheiten zerpflückt und anschließend als absolute Wahrheit angenommen werden. Es wird davon ausgegangen, dass das eigene Kind alles korrekt wiedergibt – schließlich sei es „mittendrin" und daher in der Lage, objektiv über die Geschehnisse zu berichten.

Auf Grundlage dieser Annahmen nehmen die Gespräche in den Elterngruppen schnell eine eigene Dynamik an. Bruchstücke aus Gesprächen zwischen Lehrkraft und Eltern werden zu ganzen Geschichten verdreht – allerdings ausschließlich negativen. Positive Aspekte bleiben oft unerwähnt. Häufig scheint es, als seien viele Eltern mehr daran interessiert, die Kompetenz der Lehrkraft infrage zu stellen und deren Autorität zu untergraben, statt konstruktive Unterstützung anzubieten.

Ich habe dies selbst erleben müssen, als sogar auf einer Adventsfeier solche Geschichten verbreitet wurden – eine Mutter erzählte mir danach stolz, von wem die Erzählungen stammten. Es war die Mutter eines Jungen, der auch in der Klasse nie zögerte, von jedem kleinen Fehltritt seiner Mitschüler zu berichten, und kaum davon abzubringen war.

Ihm musste ich oft sagen, er solle sich lieber auf sich selbst konzentrieren – schon damit hatte er genug zu tun. Da er ständig mit dem Beobachten und Kommentieren der anderen beschäftigt war, blieb wenig Zeit fürs Lernen. Mir fiel hinterher auch auf, dass genau dieser Schüler ständig dabei war, wenn etwas zu besprechen war, mit einzelnen Schülern oder Eltern. Man musste ihn immer direkt wegschicken, was aber nicht fruchtete, da er magnetisch angezogen zu werden schien. Der Junge konnte nichts dafür. Im Nachhinein wurde mir klar, dass dieser Schüler von seiner Mutter förmlich dazu angestiftet worden war.

Warum handeln manche Eltern so? Ich vermute, dass oft Minderwertigkeitsgefühle und Unsicherheiten eine große Rolle spielen. Viele Menschen versuchen, eigene Unzulänglichkeiten zu kompensieren, indem sie bei anderen nach Fehlern suchen, um sich selbst besser zu fühlen. So habe ich es auch erlebt, als ich zu Beginn eines weiteren Schuljahres eine dritte Klasse übernahm, weil die vorherige Lehrerin in Mutterschutz ging. Diese Lehrerin, die sich strikt an ihre eigene Methode hielt und ständig Konflikte mit den Kollegen hatte, versicherte mir, dass die Eltern der Klasse „nur nett" seien. Von den Kollegen wusste ich, dass diese Kollegin nicht mit den Parallelkollegen zusammengearbeitet hatte, weil es immer nur Ärger mit ihr gab. Sie wollte ausschließlich ihren eigenen Weg gehen, ohne sich an Absprachen mit Kollegen halten zu wollen. Da dachte ich mir noch nichts dabei. Die Eltern sollten nett sein, was sollte groß kommen? Aber es kam, und zwar so dick, wie ich es noch nie zuvor erlebt hatte.

Es begann nach sechs Wochen. Wenn ich eine Klasse übernehme, schaue ich erst einmal, wo die Kinder stehen, sowohl in Mathematik als auch im Fach Deutsch. Wir erarbeiteten einen Rechtschreibtext, den ich anschließend diktierte. Hier stellte ich fest, dass die Kinder mit der Rechtschreibung noch nicht wirklich vertraut waren. Sie schrieben, wie es ihnen gefiel. Für mich war sofort klar, dass ich in die Rechtschreibung investieren musste.

Die Matheübung bezog sich auf das 1x1. Auch hier sah ich, dass die Kinder noch Defizite hatten. Von nun an übten wir täglich immer auch etwas das 1x1. Mir fiel auf, dass den Kindern das Bewusstsein fehlte, für etwas zu üben. Das war noch nicht tragisch, das konnten sie noch erwerben. Es wurde täglich besser.

Ich machte mir keine Sorgen – das Üben solcher Grundlagen gehört ja zum Alltag. Allerdings waren die Eltern von der Leistungsbewertung überrascht: Während die vorherigen Zeugnisse der ehemaligen Kollegin in den allermeisten Bereichen bei den meisten Kindern mit „sehr gut" bewertet worden waren, zeigten die neuen Parallelarbeiten bei einigen Schülern in bestimmten Bereichen Schwächen. Parallelarbeiten bedeutet, dass alle Kinder eines Jahrgangs die gleiche Arbeit schreiben, die gemeinsam von den Parallelkollegen erstellt wurde. Nicht so bei dieser ehemaligen Kollegin. Diese hatte ja nicht mit den Kollegen zusammengearbeitet und immer eigene Tests entwickelt und entsprechend ihr eigenes Notenschema angewandt. Da bei Parallelarbeiten auch die Bewertung einheitlich gestaltet ist, gibt es für eine entsprechende Leistung entsprechende Punkte. Die Bewertung ist also für alle Schüler gleich.

Nach dieser ersten Parallelarbeit verschlechterten sich die Noten bei manchen Schülern deutlich, was zu einer Kettenreaktion von Beschwerden der Eltern führte. Von Gesprächen mit den Elternsprechern bis hin zu Besprechungen mit der stellvertretenden Rektorin wurde jeder Schritt hinterfragt. Trotz des versprochenen Rückhaltes der Konrektorin bei Übernahme der Klasse durch mich unterstützte diese mich nicht. Mir war versichert worden, dass diese vielen guten Noten auf den letzten Zeugnissen mehr als ungewöhnlich seien und sie das schon sehr infrage gestellt hätten. Der Rektor war mittlerweile in Pension gegangen. Trotz mehrfacher Erklärungen meinerseits hielten die Zweifel an.

In Einzel- und Gruppengesprächen wurde alles infrage gestellt: von der Menge der Hausaufgaben bis hin zur Bewertung der Kinder. Manche Eltern suchten förmlich nach Fehlern, und so wurde mir klar, dass es hier weniger um konstruktive Kritik ging als um eine gezielte Infragestellung meiner Arbeit. Einige Mütter berichteten mir sogar von regelrechten Hetztiraden gegen mich innerhalb der Elternschaft. Die stellvertretende Rektorin begann zunehmend, Zugeständnisse an die Eltern zu machen, und erwog sogar meine Versetzung – eine Entscheidung, die sie mir zunächst verheimlichte. Schließlich offenbarte sie mir ihre Unsicherheit und bat mich unter Tränen, mich versetzen zu lassen, nur damit sie Ruhe habe. Das kam für mich jedoch nicht infrage, da ich mir nichts hatte zuschulden kommen lassen.

Die Situation spitzte sich zu: Eltern brachten ihre Kinder bis an den Platz und beobachteten misstrauisch alles, was ich tat, und fast täglich folgten kritische Rückmeldungen. In einem letzten Versuch schlug die stellvertretende Rektorin vor, den Unterricht akribisch zu planen, um den Eltern keine Angriffsfläche zu bieten. Doch bald erfuhr ich, dass sie erneut Elterngespräche geplant hatte, ohne mich vorher zu informieren. Nach einer weiteren schlaflosen Nacht war mir klar, dass ich so nicht weiterarbeiten konnte. Als ich emotional erschöpft zur Schule kam, schickte mich die Konrektorin zum Arzt, um mich krankschreiben zu lassen – eine Lösung, die mir den Eindruck vermittelte, sie wolle mich „aus dem Weg" haben.

Wochen später wurde mir klar, dass die Unzufriedenheit ihren Ursprung bei einer einzigen Mutter hatte, die von Anfang an Stimmung gegen mich gemacht hatte. Noch bevor ich die Klasse übernommen hatte, hatte sie von einer

Elternsprecherin der vorherigen Klasse erfahren, dass es mit mir „nie Probleme" gegeben habe. Diese Information ignorierte sie und verbreitete stattdessen das Gerücht, dass ich „nicht in der Lage sei, eine Klasse zu führen" – angeblich der Grund für die Auflösung meiner früheren Klasse. Diese Klasse hatte ich zu Beginn an dieser neuen Schule übernommen. Es war eine von drei ersten Klassen gewesen, mit zu Beginn einundzwanzig Kindern, davon drei Wiederholern. Im Laufe des Schuljahres stellte sich heraus, dass zwei Wiederholer Kandidaten für die Förderschule waren. Somit waren es noch neunzehn. Davon waren zwei Kinder bei Pflegeeltern untergebracht, wo es Unregelmäßigkeiten innerhalb der Familie gab. Diese Kinder kamen daraufhin zu ihren leiblichen Eltern in unterschiedliche Bundesländer. Ein Kind zog am Ende des Schuljahres mit den Eltern in die Schweiz, ein anderes in einen Nachbarort. Ein Kind musste die Klasse wiederholen, ein weiteres sollte auf Wunsch der Eltern wiederholen. Somit waren es noch dreizehn Kinder am Ende des Schuljahres. Die Mindeststärke einer Schulklasse liegt bei 18 Schülern, um sie als eigenständige Klasse weiterführen zu können. Das war hier nicht der Fall. Somit mussten diese verbliebenen dreizehn Kinder auf die beiden anderen ersten Klassen aufgeteilt werden.

Von dieser Mutter wurde ich in eine Schublade gesteckt, die sie mit niederträchtigen Behauptungen füllen wollte. Beim ersten Elternabend merkte ich bereits eine gespannte, seltsame Atmosphäre. Diese Mutter wurde sogleich zur Elternsprecherin gewählt – wie ich im Nachhinein herausfand, war das eine zuvor abgesprochene Wahl.

Diese Geschichte hatte einen Hintergrund, den ich aber erst im Nachhinein erfuhr. Das Kind der besagten Mutter wurde auch besser, erreichte aber keine Einsen mehr. Es war trotzdem ein guter Schüler. Das reichte der Mutter jedoch nicht. Ich vermutete, dass sie ihr Kind auf dem Gymnasium sehen wollte, und sprach sie einmal darauf an, als ich die Geschichte mit ihrem ersten Sohn gehört hatte. Dieser musste die vierte Klasse zur Notenverbesserung wiederholen, landete dann aber trotzdem auf der Realschule. Auf dem zweiten Sohn lagen nun all ihre Hoffnungen. Und da die Einsen ausblieben, war natürlich an meiner Tätigkeit zu mäkeln. Etwas anderes konnte ja nicht in Betracht kommen.

Obwohl ich mit den Kindern gut zurechtkam und sich die Leistungen vieler Schüler im Laufe des Schuljahres verbesserten, ließen manche Eltern nicht von ihrer Kritik ab. Insbesondere die Kinder dieser Mutter und anderer Eltern, die sich von ihr beeinflussen ließen, waren unzufrieden, sobald die Noten nicht den Erwartungen entsprachen. So begann eine regelrechte „Mobbing"-Kampagne: Jedes Detail wurde infrage gestellt und auf eine vermeintliche Unfähigkeit meinerseits zurückgeführt. Die Situation eskalierte, bis ich selbst daran zweifelte, was ich überhaupt noch richtig machte.

Manche Eltern berichteten mir jedoch, sie hätten keine Ahnung, worum es bei dieser Kritik gehe, und wollten sich an den Hetzkampagnen nicht beteiligen. Wenn sie Probleme hätten, würden sie diese mit mir persönlich besprechen.

Letztendlich war es eine kleine, aber lautstarke Gruppe, die die Atmosphäre in der Klasse vergiftete und sowohl die Kinder als auch mich verunsicherte. Rückblickend erscheint mir das Ganze wie eine moderne Form der Hexenjagd. In einem abschließenden Gespräch meinte die rädelsführende Mutter allerdings: „Vielleicht hätte ich Sie doch gewähren lassen sollen."

10. Die Unterschiedlichkeit der Kinder

In jeder Klasse gibt es Kinder, die positiv auffallen, und solche, die negativ ins Auge fallen. Als Lehrkraft hätte man mit den negativ auffälligen Kindern weniger Probleme, wenn nur die Kinder selbst in die Schule kämen. Doch ab dem ersten Schultag begleiten auch die Eltern ihre Kinder. Und diese sind oft nicht nur in praktischer Hinsicht, sondern auch in ihrer Vorstellung von Schule sehr präsent. Alle Eltern sind irgendwann einmal zur Schule gegangen und meinen daher, mitreden zu können, wenn ihr Kind diese Einrichtung besucht. Dies reicht von angenehmen Vorschlägen bis hin zu direkten Forderungen, die den Unterricht, die Raumeinteilung oder die Pausengestaltung betreffen. Interessanterweise sind es häufig die Eltern von negativ auffälligen Kindern, die besonders anstrengend sind – mit vielen Forderungen oder wenig Bereitschaft zur Zusammenarbeit, manchmal sogar beidem. Würde man nur die Kinder in der Schule haben, käme jede Lehrkraft nach einer gewissen Eingewöhnungszeit gut mit ihnen klar. Doch die Eltern können dem Ganzen eine andere Wendung geben.

10.1 Kinder, die aufgrund ihres vorbildlichen Verhaltens positiv auffallen

Ein Kind, das hier aus meiner Grundschulzeit besonders hervorzuheben ist, fiel deutlich aus der Reihe – und nicht etwa durch angebliche Hochbegabung. Vielmehr halte ich dieses Kind für besonders hochbegabt, auch wenn es nicht in den typischen Rahmen der Intelligenztests passt. Es hatte feine Manieren, war stets ruhig, höflich, freundlich, ärgerte nicht, meldete sich leise und gab wohlüberlegte Antworten.

In jedem Fach war es aufmerksam und fleißig – ein echtes Musterbeispiel für eine Schülerin. Wenn man ihre Mutter sah und mit ihr sprach, war es kein Wunder, dass das Kind so war. Die Mutter war eine sehr angenehme und feine Person. Von ihr gab es noch nie Klagen. Sie hatte verstanden, dass man Probleme mit einem Kind direkt mit der Lehrkraft bespricht – das ist der richtige Ansprechpartner. Einzig die Ruhe in der Klasse schien der Mutter wichtig zu sein, was ich gut nachvollziehen kann. Besonders ruhige Menschen, die diese Ruhe für ihre Konzentration brauchen, empfinden den Lärmpegel in der Klasse als störend. Ihre Tochter half hier oft, das Ruhezeichen zu geben.

Ein weiteres Mädchen in der Klasse verdient ebenfalls besondere Erwähnung. Sie hatte es in intellektuellen Dingen nicht immer leicht, blieb jedoch stets bemüht, mitzukommen, was ihr auch zunehmend gelang. Sie war sehr ehrgeizig und bildete den ruhenden Pol in der Klasse. Bei den oft notwendigen Umsetzungen der Kinder, weil sie sich mit ihren Nachbarn nicht mehr vertrugen, gab es bei ihr keinerlei Probleme. Sie kam mit jedem gut aus, und ich hörte nie die Bemerkung von ihr: „Neben dem will ich nicht sitzen." Sie war hilfsbereit und freute sich, wenn sie anderen helfen konnte. Besonders auffällig war, dass sie bei Geburtstagswünschen stets ausführliche, persönliche Wünsche für das Geburtstagskind parat hatte. Für ihre tolle Sozialfähigkeit wurde sie von mir regelmäßig gelobt, was sie sichtlich freute und in ihrem Tun bestärkte. Sie trug viel zur positiven Atmosphäre in der Klasse bei. In Gesprächen mit ihrer Mutter erlebte ich stets große Bereitschaft zur Zusammenarbeit. Die Mutter war sich der Defizite ihrer Tochter bewusst und stand dazu, was eine sehr wertvolle Voraussetzung war, um Probleme gemeinsam zu lösen.

10.2 Kinder mit ungesundem Selbstbewusstsein

Im Gegensatz dazu gibt es Eltern, deren Verhalten für die Lehrkraft deutlich schwieriger wird. Ein Beispiel: Eine Mutter fragte nach nur zwei Wochen, ob ihre Tochter im Unterricht auch mitkomme. Bei den Anfangs-Testungen stellte sich heraus, dass das Kind kleine Defizite im mathematischen Bereich hatte. Ich schlug vor, das Kind in den speziellen Unterricht zu schicken, um die Defizite schnell zu beheben. Die Mutter stimmte sofort zu und betonte überschwänglich, dass sie kein Problem damit habe. Wöchentlich fragte sie jedoch nach, ob der zusätzliche Unterricht weiterhin notwendig sei.

Diese Tochter war sehr vorlaut im Unterricht und auch im Umgang mit anderen Kindern. Sie schien davon überzeugt, dass ihre Meinung die einzig richtige war. Stets meinte sie, die Mitschüler verbessern zu müssen. Es dauerte lange, bis sie lernte, sich zu melden, anstatt einfach zu reden. Die Eltern hatten in diesem Fall vermutlich etwas zu viel Selbstbewusstsein in das Kind hineingetragen, sodass sie sich in der Schule übermäßig forsch und dominant verhielt. Eine auffällige Situation ergab sich, als das Kind nach einem häuslichen Unfall mit einem Kopftuch zur Schule kam, um den Verlust eines Teils ihrer Haare zu verbergen. Die Mutter, die offenbar sehr unsicher war, versuchte dies zu verheimlichen und gab mir klare Anweisungen, nichts über die Situation zu erzählen. Wovor hatte die Mutter Angst?

Die Tochter suchte ständig Fehler bei Mitschülern, ebenso wie die Mutter Fehler bei mir suchte, was ich nur wieder über den Umweg von meiner Chefin erfuhr. Die Reaktion der Mutter und des Kindes auf diese Situation lässt vermuten, dass eine gesunde Auseinandersetzung mit den eigenen Mängeln und Fehlern fehlte. Gesunde Selbstwahrnehmung bedeutet, dass man auch mit Mängeln zu sich stehen kann.

Doch der ständige Fokus auf das makellose Kind und das Verstecken von Fehlern trägt nicht zu einer stabilen Persönlichkeitsentwicklung bei. Es wäre besser gewesen, wenn das Mädchen die Situation offen erklärt hätte. So hätte der Vorfall schnell vergessen werden können, anstatt ihn zu einem Geheimnis zu machen. Die Kinder hatten sehr schnell raus, dass sie das Mädchen ärgern konnten, wenn sie an diesem Kopftuch rissen. Und dann gab es Tränen aus Angst vor der Entdeckung.

Hier haben wir wieder einen Fall von ungesundem Selbstbewusstsein. Solange es mir gut geht, strotze ich vor Selbstbewusstsein. Das ist aber keine große Kunst. Gesundes Selbstbewusstsein kann ich nur entwickeln, wenn ich gelernt habe, mit eigenen Mängeln und Makeln zu leben und dazu zu stehen. Auch vor den Mitmenschen. Aber ganz wichtig: wenn ich gelernt habe, besonders vor mir selbst dazu zu stehen. Jedes Kind muss lernen, mit negativen Erfahrungen umzugehen und sie zu verarbeiten. Dabei sollten die Eltern mit gutem Beispiel vorangehen und dem Kind deutlich zeigen, dass es auch mit nur einem Teil der Haare oder was auch immer sehr liebenswert ist.

Sie helfen nicht, wenn sie nur das makellose Kind auf einen Thron setzen. Denn makellos bleibt man nicht lange.

Ein weiteres Kind, das ich bereits erwähnte, ist das hochbegabte Mädchen. Es wurde mit fünf Jahren vorzeitig eingeschult, da ihr spezieller Kindergarten sie nicht weiter fördern konnte. Beim Schulbeginn hatte sie noch motorische Schwächen, die sich erst langsam entwickelten. Ihre Mutter teilte mir gleich zu Beginn mit, dass das Kind besonders begabt sei und ich besonders auf sie achten solle. Zwar hatte das Kind eine schnelle Auffassungsgabe, doch es zeigte wenig Interesse an den Themen, die nicht ihre waren.

Sie konnte anderen Kindern kaum zuhören, wenn es nicht um das Thema ging, das sie interessierte. Sie schaltete dann ab und wandte sich ihren Nachbarn zu oder dem hinter ihr sitzenden Kind und fing eine Unterhaltung an. Der Nachbar des angesprochenen Kindes hörte natürlich auch sofort zu und schaltete seine Aufmerksamkeit ab. Ihr Verhalten störte daher oft den Unterricht. Auch musste das Mädchen ständig von den Mitschülern an die Klassenregeln erinnert werden. Dieses Kind war sich seiner Begabung sehr bewusst und stellte auch oft Ansprüche – nicht nur an mich, sondern auch an die Mutter. Leider hatten die Eltern versäumt, ihr Kind darin zu unterstützen, auch in Bereichen aufzupassen, die es weniger interessant fand.

Es stellt sich die Frage, ob Eltern in solchen Fällen dazu neigen, das Kind zu sehr auf seine positiven Eigenschaften zu reduzieren und die Entwicklungsrückstände zu übersehen. Dies kann langfristig dazu führen, dass das Kind in seiner Entwicklung stagniert oder sich schwertut, sich in der Gesellschaft zurechtzufinden. Ein Kind, das ständig als etwas Besonderes hervorgehoben wird, ohne die weniger perfekten Seiten zu akzeptieren, hat es schwer, in die Gemeinschaft integriert zu werden.

Man hört immer wieder von hochbegabten Kindern, die sich im späteren Leben sehr schwertun, besonders wenn sie älter werden. Warum ist das so? Ist es die Art, wie Eltern damit umgehen? Vor lauter Stolz diesen Umstand hochhalten, aber die Mankos vernachlässigen, die auch dieses Kind hat, da kein Mensch vollkommen ist?

Erst wenn ein Mensch weiß, dass er ein ganz normaler Mensch ist, und ihm bewusst wird, dass er einer unter vielen ist, kann sich meines Erachtens ein Mensch zu einem normalen Mitglied der Gesellschaft entwickeln. Wenn ein Kind jedoch durch die Eltern nur als eines von der Masse abgehobenes betrachtet wird, sieht sich das Kind auch in dieser Position. Auf der einen Seite fühlt es sich als etwas Besonderes, denn das ist es, was ihm von den Eltern ständig suggeriert wird. Auf der anderen Seite fühlt es sich schnell als Außenseiter und ist sehr bald allein. In vielerlei Hinsicht. Ein Kind, das von sich bewusst überzeugt ist und dies den Mitschülern auch deutlich macht durch Mimik wie Augenverdrehen, wenn ein Mitschüler etwas nicht weiß, oder lautes Aufstöhnen, macht sich unbeliebt. Auch wenn das Kind ungefragt einen Mitschüler verbessert oder sich ständig in den Vordergrund stellt mit Zusatzwissen, selbst wenn es gerade nicht zum Fach und Thema passt, es ihm aber gerade einfällt, stört dies den Unterricht. Dazu kommt manchmal noch eine übermäßig strenge Verbesserung von Fehlern in der Nachbarhausaufgabe bei Hausaufgabenkontrolle usw.

Dieses Kind katapultiert sich eigenständig aus der Klassengemeinschaft heraus. Es wird nicht mehr zu Spielen in der Pause eingeladen, bei Gruppenarbeit oder Partnerarbeit ist dieses Kind unbeliebt (denn es weiß ja ständig alles besser!), es will sich freiwillig niemand mehr neben es sitzen, es wird sich nicht mehr mit ihm für nachmittags verabredet. Aber das Schlimmste ist, dass dieses Kind die Welt nicht mehr versteht. Denn zu Hause ist sein Verhalten genau so richtig. Es wird von den Eltern stets in seinem Tun, in seinen Reaktionen verstärkt. Es versteht nicht, warum sich alle Kinder von ihm abwenden. Es verhält sich nur, wie es das im Elternhaus gelernt hat. Und plötzlich passt das nicht mehr. Jetzt verdrehen die anderen Kinder die Augen und stöhnen laut vernehmlich auf, wenn es wieder etwas dazwischen plappert und etwas aus seinem Wissensschatz zum Besten gibt.

10.3 Kinder mit körperlichen Aggressionen

Schließlich gab es ein Kind, dessen Elternbegegnung ich bereits geschildert habe. Es gibt Kinder, die regelmäßig durch körperliche Aggressionen auffallen – nicht nur gegenüber anderen Kindern, sondern auch der Lehrkraft gegenüber. Ein Beispiel: Das Kind nahm einen Strohhalm, der nicht ihm gehörte, und kaute darauf herum. Ich bat es, den Strohhalm aus dem Mund zu nehmen. Es erfolgte keine Reaktion. Dann nahm ich ihm den Strohhalm aus dem Mund, wobei dieser zu Boden fiel. Ich wollte ihn aufheben, dabei verbog es meinen Arm derart und hielt diesen fest, spreizte sich noch dagegen, sodass es mir nur unter Mühen gelang, diesen doch noch aufzuheben und in den Müll zu werfen. Das alles geschah ohne Worte. Daraufhin zeigte ich mich natürlich sehr erbost und teilte ihm das auch in entsprechendem Tonfall mit. Meine Worte lauteten: „Ich bin sehr enttäuscht von dir. Ich bin immer freundlich zu dir und versuche immer, dich zu verstehen, und du machst solche Sachen mit mir." Seine Reaktion: „Immer schreist du mich an." Darauf die anderen Kinder: „Das ist nicht wahr, du schreist immer." Woraufhin das Kind etwas in sich hinein murmelte.

Trotz dieser Aggression zeigte das Kind später ein völlig anderes Verhalten und suchte nach meiner Nähe. Wir saßen im Sitzkreis auf Stühlen, das Kind neben mir, aber mit einem Meter Abstand. Dann rückte es nach und nach immer näher an mich heran. Es redete plötzlich sehr freundlich und kuschelte sich fast an mich heran. Wenn ich mit den Kindern einen Sitzkreis auf dem Boden machte, saß ich dabei auf einem Stuhl und das Kind setzte sich häufig direkt vor mich hin und lehnte sich an meine Knie an. Warum machte dieses Kind das, wo ich es doch so häufig in seine Schranken verweisen und seine eigenen Grenzen aufzeigen musste? Das Kind schien auf eine klare Grenze angewiesen zu sein, die ihm

Sicherheit gab. Trotz seines aggressiven Verhaltens fühlte es sich anscheinend wohl, wenn diese Grenzen von mir gesetzt wurden, was zeigt, dass es nach Führung und Struktur suchte.

Wie bereits erwähnt, braucht jedes Kind eine Struktur. Nur mit einer inneren Struktur fühlt sich ein Kind sicher und dadurch wohl. Dass ein bestimmtes Kind immer wieder seine Grenzen austestet, sehe ich als Folge der Erziehung im Elternhaus. Das Kind hat viel Zeit dort verbracht und ist natürlich durch die elterlichen „Erziehungsmethoden" geprägt. Im oben genannten Beispiel schien in dem Haushalt ein ständiger Machtkampf zwischen Eltern und Kindern stattzufinden, wobei die Kinder bislang oft die Oberhand gewannen, da die Eltern den jeweiligen Kampf vorzeitig aufgaben. Diese Struktur übernahm das Kind. Es wusste nicht, was gut und was schlecht für es ist, weil es keine klaren Grenzen erlebte. Stattdessen versuchte es, alles durchzusetzen – und zwar auch vollkommen unsinnige Dinge wie zum Beispiel den Strohhalm im Mund. Ich versuchte nun, dem Kind zu zeigen, dass Machtkämpfe mit Erwachsenen, und vor allem mit Lehrkräften, für ihn nur zum Nachteil waren. Durch solche Konflikte ging Unterrichtszeit verloren, es störte die anderen Kinder und hinderte sie am Lernen, und das Kind verlor zunehmend das Vertrauen seiner Mitschüler, weil es nicht wusste, was sich gehörte. Doch diese tief verwurzelte Verhaltensweise, die das Kind über Jahre hinweg erlernt hatte, war so automatisiert, dass es nicht einfach aus seiner Haut herauskonnte. Um dieses Verhaltensmuster zu durchbrechen, wäre eine intensiv betreute Unterstützung durch einen Fachmann nötig – eine Aufgabe, die wir als Lehrkräfte nicht allein leisten können. Der gesamte familiäre Kontext müsste eingebunden werden, um diesem Kind zu helfen. Das Zauberwort lautet hier: **Konsequenz**.

10.4 Kinder, die keine Strukturen kennen

Ein weiteres Beispiel, das ich anführen möchte, betrifft ein Kind, das häufig zu spät zur Schule kam. Hausaufgaben wurden in der Regel nicht erledigt, und die Kleidung war oft nachlässig und nicht der Jahreszeit entsprechend. Keine Strümpfe im Winter, kurzärmlig, ein Kleid ohne Strumpfhose oder Rollkragen im Sommer. Das Kind trug dieselbe Kleidung mehrere Tage hintereinander, sodass man irgendwann leicht verfolgen konnte, was es gegessen hatte. Am Unterricht nahm es meistens nur passiv teil, es sei denn, das Thema berührte gerade seine eigenen Gedanken. Während des Unterrichts lag der Kopf des Kindes meistens auf dem Arm und es reagierte auf Aufforderungen, mitzuarbeiten, überhaupt nicht. Auf direkte Bitten reagierte das Kind mit Wut und rannte manchmal schreiend aus der Klasse. Zunächst sorgten wir uns sehr, wenn das Kind verschwand, und schickten jemanden, es zu suchen, doch es tauchte immer wieder von selbst auf, nachdem wir die Suche abgebrochen hatten. Man kann sich den Zeitaufwand und den Unterrichtsausfall durch diese Unterbrechungen vorstellen. Alle weiteren Wiederholungen dieser Art ließ ich unberücksichtigt und siehe da, das Kind kam immer von allein zurück.

Im Gespräch mit der Mutter erfuhr ich, dass das Kind sich morgens allein anzog und keine Aufforderungen von Erwachsenen mochte – sie bezeichnete diese als „Befehle". Ich versuchte ihr zu erklären, dass es nicht meine Art sei, Befehle zu erteilen, sondern dass ich ganz normale Arbeitsaufforderungen gebe, wie das Üben eines Buchstabens, das Ausfüllen eines Arbeitsblatts oder das Arbeiten in Partnerarbeit. Das war eine Aufgabe, die alle anderen Kinder problemlos erfüllten – nur dieses Kind lehnte sie ab.

Nach weiteren Informationen vom Kindergarten, den das Kind besucht hatte, wurde mir klar, dass dort keine Struktur oder feste Vorgaben existierten. Die Kinder hatten volle Freiheiten und wurden nie dazu gedrängt, etwas zu tun, was sie nicht wollten. Diese mangelnde Struktur führte dazu, dass dem Kind die Freude am Lernen vorenthalten wurde. Lernen macht Spaß, wenn ich etwas geschafft habe, was ich vorher nicht konnte – dieser Mechanismus wurde nicht geweckt. Die Freude am Lernen entsteht durch intrinsische Motivation: der Ansporn, wieder etwas zu schaffen, um das positive Gefühl erneut zu erleben. Doch bei diesem Kind war die intrinsische Motivation nicht entwickelt.

Wenn ein Kind im Kindergarten ständig in den Genuss kam, tun zu können, was es wollte, dann erwartete es genau das auch in der Schule. Und obwohl das Kind durchaus intelligent war, konnte es nicht einfach zur Schule kommen und erwarten, dass alles nach seinem Willen ging. Wenn das Kind jedoch auf einmal aufgefordert wurde, zu lernen, und keine Wahl mehr hatte, dann lehnte es sich dagegen auf. Aber wenn ein Kind es ablehnt, Schreiben und Lesen zu lernen, hat es in der zweiten Klasse keine Chance. So musste es das Schuljahr wiederholen, obwohl es das Potenzial gehabt hätte, es erfolgreich zu absolvieren.

Hier liegt ein weiteres Beispiel vor, das zeigt, wie wichtig es ist, dass Kinder klare Strukturen und eine verlässliche Tagesordnung erfahren. Mit einer klaren Struktur, mit festen Rechten und Pflichten wächst ein Kind in eine Welt der Verantwortung und lernt, dass es Arbeit zu erledigen gibt, auch wenn sie nicht immer Spaß macht. Kinder sind sehr dankbar für diese Struktur – sie zeigt ihnen, dass es klare Grenzen gibt, an die sie sich halten können. Sie wissen, was sie erwartet, und entwickeln dadurch die Fähigkeit, sich in die Gemeinschaft einzufügen. Solche Kinder sind gut gelaunt, umgänglich und auch in der Lage, unangenehme Aufgaben zu erledigen, wenn sie wissen, dass sie danach etwas Positives erleben können.

Das andere Kind jedoch, das sich der Struktur entzieht, ist zunehmend frustriert, weil es merkt, dass es hinter den anderen zurückbleibt. Intelligenz allein reicht nicht aus, wenn man sich nicht an die Spielregeln hält. Das Kind aus unserem Beispiel war es gewohnt, dass alles nach seiner Laune ging, aber plötzlich gab es jemand anderen, der ihm sagte, was zu tun war – und das war es, was das Kind nicht gewohnt war. Es rebellierte, es verweigerte sich und geriet in einen Teufelskreis. Keine positive Rückmeldung von der Lehrkraft, keine positive Rückmeldung von sich selbst – und der Frust wuchs.

Für mich bleibt es ein Rätsel, welche Vorteile eine solche Erziehung haben soll. Es ist keine gesunde Grundlage für eine erfolgreiche Entwicklung, weder für das Kind noch für die Gemeinschaft, in der es lebt.

11. Die Wurzeln der Gewalt

 Viele Menschen fragen sich, warum es seit einiger Zeit immer wieder Berichte über gewalttätige Jugendliche und sogar Kinder gibt. Einige erklären sich dieses Phänomen damit, dass durch die Neuen Medien heute einfach mehr verbreitet wird. Prügeleien habe es immer schon gegeben, und das sei ganz normal. Das mag in gewissem Maße zutreffen. Prügeleien existieren seit jeher. Wenn der verbale Austausch nicht mehr ausreicht, setzt der körperliche ein. Auch das ist bis zu einem gewissen Punkt normal. Aber es fällt auf, dass viele Kinder, Jugendliche und junge Erwachsene diese Grenze nicht mehr kennen – oder nicht mehr gelernt haben, sie zu respektieren.

Mit „Grenze" meine ich die natürliche Hemmung, gegenüber jemandem gewalttätig zu werden, der unterlegen ist – sei es körperlich oder aus anderen Gründen –, aber auch die Hemmung gegenüber einer Person, die meinen Respekt genießt und diesen auch verdienen sollte.

Wer oder was ist nun ein „Unterlegener"?

Darunter verstehe ich mehrere Situationen. Zum einen jemanden, der mir offensichtlich unterlegen ist, etwa weil er kleiner, jünger oder schwächer ist als ich. In diesem Fall gebietet die natürliche Hemmung, diese Person als faktisch unterlegen zu betrachten. Das bedeutet, wenn mich jemand, der offensichtlich schwächer ist, verbal angreift, sollte ein Blick genügen, um diese Person als ernsthaften Gegner auszuschließen. Ein solches Verhalten spricht oft nur von einem Bedürfnis, sich wichtigzumachen. Mit einer Nichtreaktion kann man solch einer Person schnell den Wind aus den Segeln nehmen.

Wenn jedoch der als unterlegen Eingestufte dennoch gegen alle Erwartungen zu einem tätlichen Angriff übergeht und es zu einer Auseinandersetzung kommt, sollte der Überlegene am Ende des Konflikts erkennen, wann der Kampf zu Ende ist. Das wäre der Moment, wenn der andere am Boden liegt und klar erkennbar signalisiert, dass er die Maßnahme verstanden hat. Bis vor nicht allzu langer Zeit war es noch selbstverständlich, dass die natürliche Hemmung in solchen Momenten greift und niemand weiter gegen den am Boden Liegenden vorgeht. Leider scheint diese Hemmung heute immer seltener vorhanden zu sein. Immer häufiger hört man von Fällen, in denen jemand totgeprügelt wird. Und häufig ist das Opfer ein Einzelner und wird von mehreren gleichzeitig angegriffen. Eine Auseinandersetzung zwischen zwei Personen scheint heute fast die Ausnahme zu sein. Immer wieder fühlen sich gleich mehrere Menschen angesprochen, sich in den Konflikt einzumischen. Früher nannte man so etwas „unfair" und „feige". Wie nennt man es heute?

Auch die Hemmung gegenüber Personen, die meinen Respekt verdienen, scheint weitgehend verloren gegangen zu sein. Mit „diesen Personen" meine ich vor allem die eigenen Eltern sowie die Eltern von Freunden und Bekannten. Selbst wenn es große Differenzen zwischen Eltern und Kindern gibt, sollte es niemals über verbale Angriffe hinausgehen. Doch immer wieder hört man von erschütternden Fällen, in denen Kinder ihre Eltern getötet oder sie mithilfe von Freunden ermordet haben.

Dieser Respekt vor den Eltern – vor allen Erwachsenen, die für das Wohl des Kindes verantwortlich sind – wird jedoch nur in der Kindheit vermittelt. Zu keinem anderen Zeitpunkt sonst!

11.1 Die gelernte Gewalt

Die Wurzeln der Gewalt unter Kindern und später unter Erwachsenen – aber auch die Gewalt von Kindern gegenüber den eigenen Eltern und älteren Menschen allgemein – werden oft in frühester Kindheit gelegt. Erfährt ein Kleinkind, dass es durch Schreien, Toben oder Gewalt gegenüber seinen Eltern Erfolg haben kann, so ist der Grundstein gelegt.

Ich konnte eine Situation beobachten, die dies eindrucksvoll verdeutlichte: Ein kleiner Junge, etwa vier Jahre alt, war mit seiner Mutter unterwegs, als sie auf eine Bekannte traf. Während sich die Mutter mit der Frau unterhielt, zog der Junge an ihrer Hand und wollte weitergehen. Die Mutter jedoch schenkte ihm keine Beachtung und setzte ihr Gespräch fort. Daraufhin warf sich der Junge auf den Boden und schrie lautstark, doch auch das änderte nichts. Schließlich nahm er Anlauf und trat seiner Mutter mit voller Wucht gegen das Schienbein. Die Mutter reagierte nur mit einem: „Aua, das tut mir weh. Lass das." Dies hielt den Jungen jedoch nicht ab; im Gegenteil, er trat ihr nun auch gegen das andere Schienbein – diesmal grinsend. Man konnte sehen, wie sich die getroffenen Stellen langsam rot und blau verfärbten. Wieder und wieder trat er zu, und die Reaktion der Mutter blieb minimal. Obwohl die Schmerzen durch die Mimik in ihrem Gesicht erkennbar waren, ignorierte sie das Verhalten ihres Sohnes. Nach einer Weile verabschiedete sie sich von der Bekannten und zog das Kind mit sich.

Dieser Junge lernte durch diese Situation, dass Gewalt für ihn erfolgreich sein kann und keine ernsthaften Konsequenzen hat. Er überschritt eine Grenze, die ein Kind nicht überschreiten sollte: einem anderen Lebewesen Schmerzen und Schaden zuzufügen, ohne dafür zur Verantwortung gezogen zu werden. Damit hat er möglicherweise auch den Respekt vor seiner Mutter verloren. Er erkannte, dass seine Mutter nachgiebig ist und er sie manipulieren kann –, solange er nur die „richtigen Mittel" anwendet, um seine Ziele zu erreichen.

Natürlich denkt ein Kind nicht bewusst in diesen Bahnen, doch solche Abläufe speichern sich im Gedächtnis ab. Menschen, insbesondere kleine Kinder, lernen aus Erfahrung. Was einmal funktioniert hat, wird in der Regel wiederholt – ein Prinzip, das tief in der Evolution verankert ist.

Dieses Kind wird wahrscheinlich auch Gleichaltrigen seine Ansprüche gewaltsam aufzwingen, sobald Worte nicht mehr ausreichen. Diese Haltung wird sich durch die Pubertät fortsetzen, eine Lebensphase, in der Jugendliche – Mädchen wie Jungen – körperlich besonders stark werden. Es gibt Eltern, die von ihren Kindern, auch von Töchtern, geschlagen und verprügelt werden, wenn sie sich weigern, Geld für gewünschte Anschaffungen zu geben. Aus Angst vor weiteren Schlägen oder um ihre Ruhe zu haben, geben manche Eltern schließlich nach und finanzieren die Wünsche ihrer Kinder. Solche Kinder entwickeln sich oft zu egozentrischen Erwachsenen. Wenn zwei solche Menschen aufeinandertreffen, bleibt die Harmonie meist nicht lange bestehen. Jeder möchte seinen Willen durchsetzen und sein vermeintliches Recht auf Freiheit, Zuwendung, Nachgiebigkeit und Beistand seiner Mitmenschen erkämpfen.

11.2 Die Folgen von gelernter Gewalt

11.2.1 Einsamkeit und Hemmungslosigkeit

 Eine Folge eines solch kompromisslosen Verhaltens ist zukünftige Einsamkeit. Wer immer recht haben und sich durchsetzen will, ohne Kompromissbereitschaft zu lernen, wird langfristig von anderen gemieden. In der Pubertät mag es vielleicht noch als „cool" gelten, sich durchzusetzen, gerade wenn viele Gleichaltrige unsicher und noch auf der Suche nach ihrer eigenen Persönlichkeit sind. Doch bald erkennen die meisten Menschen, dass ein kompromissloser Mensch grundsätzlich gegen alles ist, was von Erwachsenen oder von anderen Ansichten stammt. Reflexion ist ihm fremd, und er ist davon überzeugt, dass alles, was er sagt und tut, richtig ist – selbst wenn das Gegenteil der Fall ist. Erst nach und nach bemerkt er, dass seine Mitmenschen sich von ihm distanzieren. Die Gründe dafür erkennt er jedoch nicht und verhält sich unverändert, immer auf der Suche nach der dringend benötigten Anerkennung – einem Bedürfnis, das tief im Menschen verankert ist.

Natürlich möchte auch er Teil einer Gemeinschaft sein. Doch auf dieser verzweifelten Suche wird sein Verhalten lauter, sowohl in der Stimme als auch in der Gestik. Anerkennung bleibt jedoch aus, Wut macht sich breit und das kann zu massiven Gewaltausbrüchen führen, die seinen Frust weiter steigern. War Gewalt für ihn ohnehin schon ein Thema, so nimmt diese nun eine neue Intensität an. Wenn er keine Anerkennung findet und andere ihn meiden, empfindet er Wut – eine Wut auf alles und jeden, besonders auf diejenigen, die ihn reglementieren wollen. Denn das kann er gar nicht mehr ertragen:

Seine Suche nach Anerkennung endet stets in Ablehnung. Zudem fehlen ihm die inneren Grenzen, die ihn davon abhalten würden, Gewalt anzuwenden:

- Grenzen, die eine Hemmung vor Gewalttaten darstellen.
- Grenzen, die Affekthandlungen in Schach halten.

Diese Grenzen konnten sich nicht entwickeln, da es nie einen kontinuierlichen Aufbau gab, der die Hemmungen vor Gewalt hätte fördern können. Ein Beispiel: Sitzt jemand in der Bahn und schaut ihn „falsch" an, fühlt er sich unbewusst provoziert und bedroht. Er spricht die Person an, die, völlig ahnungslos, sich verbal verteidigt. Bereits nach wenigen Worten wird der Konflikt körperlich – denn für ihn ist das Sich-Wehren des anderen eine Reglementierung und somit Einschränkung und damit eine Kritik an seiner Person. Er befindet sich in ständiger Alarmbereitschaft und achtet darauf, keine Grenzen gesetzt zu bekommen. Schon ein vermeintlich negativer Blick reicht aus. Diese Blicke hat er oft erlebt und empfindet sie als Bedrohung.

Zu Hause besteht längst kein harmonisches Verhältnis zu den Eltern mehr. Als Kind reagierte er oft nur noch auf lautes Anreden; heute erreichen sie ihn selbst mit Schreien nicht mehr. Die Eltern haben irgendwann aufgegeben. Es ist ihm unbewusst klar: Wenn er sich immer widersetzt, wird der andere irgendwann nachgeben. Trifft er jedoch auf neue Menschen, die sein Verhalten nicht kennen, beginnt das Spiel von Neuem: Er fühlt sich gerügt oder kritisiert, jemand mischt sich ein, und das Muster wiederholt sich. Worte helfen ihm nicht, da er es nicht gewohnt ist, sich verbal auszudrücken. Er verlässt sich auf seine Impulse: Reflexartig schlägt er zu. Zunächst wehren sich die Angegriffenen noch, was seine

Gewaltbereitschaft nur steigert. Lässt der Widerstand nach oder liegt der Kontrahent bereits am Boden, fehlt ihm die Hemmschwelle, und er schlägt seinen vermeintlichen Gegner bis zur Erschöpfung – ohne einen Gedanken an die Folgen. Zu Hause blieben diese Folgen in Form von Konsequenzen häufig aus, möglicherweise aus Angst der Eltern, selbst Opfer seiner Gewalt zu werden. Respekt hat er auch ihnen gegenüber nie gelernt und könnte auch ihnen Gewalt zufügen, sollten sie sich ihm widersetzen. Dies haben die Eltern jedoch längst eingestellt.

Respekt kann sich in einem Menschen nicht entwickeln, wenn er nicht von Anfang an gelehrt wurde, idealerweise im Elternhaus. Ist diese Chance einmal vertan, lässt sich echter Respekt meiner Meinung nach kaum wieder aufbauen.

Ironischerweise beklagen sich dann die Eltern: „Ich verstehe gar nicht, warum mein Kind so schlecht zu uns ist. Wir haben ihm doch alles gegeben, was es wollte." Viele Eltern berichten, dass ihr Kind immer seinen Willen bekommen hat, immer sein Lieblingsessen vorgesetzt bekam (alles andere wurde ohnehin nur abgelehnt oder sogar gegen die Wand geworfen), dass sie es überall hingefahren haben, wohin es wollte. Häufig hört man von jugendlichen Raufbolden, die ohne ersichtlichen Grund gewalttätig werden und auch nicht aufhören, wenn das Opfer bereits bewusstlos am Boden liegt. Das Rätsel, warum solche Gewalt entstehen kann, ist für viele groß – für mich allerdings nicht.

Erschreckend ist, dass diese Täter immer jünger werden. Selbst 13- oder 14-Jährige scheuen nicht mehr vor brutaler Gewalt zurück, und immer häufiger sind auch Mädchen beteiligt. Die heutigen Medien und Unterhaltungsmöglichkeiten wie soziale Medien, Actionfilme und Computerspiele bieten Jugendlichen oft zusätzliche Anreize und Bestätigung für ihr Verhalten. Dies ist die Folge einer Erziehung durch bequeme, inkonsequente Eltern. Es sind Eltern, die selbst Opfer von Gewalt durch ihre Kinder werden oder gar Schlimmeres erleben. Und zwar oft sogar wegen Geringfügigkeiten und besonders wegen Geld, was den Schlägern verweigert wird.

Ein Fall, bei dem ein Sohn die gesamte Familie tötete, um das Erbe zu bekommen, zeigt, wie tief die Wurzeln eines mangelnden Gemeinschaftsgefühls reichen können. Es ist offensichtlich, dass er keinen Bezug zur Familie aufgebaut hatte; für ihn war sie bedeutungslos. Er lebte dort und wurde versorgt, doch ein echtes Gemeinschaftsgefühl entwickelte sich nie.

11.2.2 Was braucht es, um ein Gemeinschaftsgefühl zu entwickeln?

Wie das Wort schon sagt: Gemeinschaft. Es beginnt mit gemeinsamen Mahlzeiten, bei denen alle Familienmitglieder zur gleichen Zeit am Tisch sitzen und essen. Dazu gehört auch die Vorbereitung: das Decken des Tisches oder das Helfen beim Kochen. Solche scheinbar banalen Rituale werden oft nicht mehr gepflegt. Jeder isst, wann, wo und was er will. Es wird nicht mehr für alle gekocht, was dazu führt, dass individuelle Vorlieben und Abneigungen extrem ausgeprägt werden.

Eltern geben oft aus Bequemlichkeit nach, um Konflikte zu vermeiden, was auf lange Sicht jedoch mehr Ärger schafft. Ein Kind, das nie Neues probiert, entwickelt kaum eine abwechslungsreiche Ernährung und wird zunehmend unzufriedener. Kinder brauchen Vorbilder, die für die Gemeinschaft leben und sich als Teil davon betrachten. So entwickeln sie ein Gefühl der Sicherheit und Geborgenheit. Ein solches Gemeinschaftsgefühl lässt sich auch mit nur einem Elternteil aufbauen, wenn dieser das Gleichgewicht zwischen Zuwendung und Konsequenz wahrt.

Gespräche beim gemeinsamen Essen fördern das Gemeinschaftsgefühl. Jeder sollte die Gelegenheit haben, seine Erlebnisse zu teilen – doch keiner darf zu sehr im Mittelpunkt stehen. Nicht das Kind mehr als der Vater oder die Mutter. Denn wenn nur das Kind redet und sich sonst niemand einbringt, gerät alles wieder aus dem Gleichgewicht. Für das Kind bedeutet das, dass das Kind der wichtigste Teil dieser Gemeinschaft ist. Was ja definitiv nicht stimmt, nicht stimmen darf. Denn eine Gemeinschaft lebt aus der Gleichberechtigung heraus. Das gilt auch für Pflichten, wie zum Beispiel beim Tischdecken.

Nur so lernen Kinder Sozialkompetenz: die Kunst, im Zusammenleben eigene Bedürfnisse mit den Möglichkeiten der Gemeinschaft abzugleichen. Diese Sozialkompetenz bildet sich nicht nur in der Familie, sondern auch in der Schule und im Freundeskreis weiter aus.

Viele Eltern glauben jedoch, dass die Schule die Sozialkompetenz „beibringt", die zu Hause versäumt wurde. Und die Eltern sind auch noch ganz erleichtert, dass ihr Kind endlich in die Schule kommt und dort sicher das lernt, was sie zu Hause versäumt haben. Sie erhoffen sich, dass das Kind in der Schule seine Grenzen erfährt, diese verinnerlicht und auch zu Hause anwendet. Doch die Enttäuschung folgt meist schnell, wenn Lehrer das Verhalten des Kindes ansprechen. Statt an eigene Versäumnisse zu denken, schieben Eltern die Schuld oft auf die Lehrkräfte, da dies leichter ist, als die eigene Unzulänglichkeit einzugestehen.

Die Gemeinschaftsfähigkeit eines Kindes wird also nicht einfach durch die Einschulung erlernt, sondern muss von Anfang an zu Hause geformt werden. Andernfalls sind spätere Verhaltensmuster schwer zu ändern.

Spätestens nach ein paar Wochen in der Schule werden solche Eltern oft zum Gespräch mit den Lehrkräften gebeten und hören von Verhaltensweisen, die ihnen bekannt vorkommen. Die Reaktion ist häufig eine Mischung aus Enttäuschung und Vorwurf gegenüber den Lehrkräften, denen sie die Schuld an den Problemen geben, anstatt das eigene Versäumnis zu erkennen. Eine Selbstreflexion darüber, wie man selbst das Kind auf das Leben vorbereitet hat, bleibt oft aus.

In solchen Fällen wird die Veränderung nur schwer möglich sein. In den seltenen Fällen, in denen eine Einsicht eintritt, können externe Hilfen wie das Jugendamt oder Erziehungsberatungen unterstützen. Dieser Weg ist jedoch langwierig, da alle Beteiligten, einschließlich der Eltern und des Kindes, die Bereitschaft zur Veränderung aufbringen müssen.

Wenn das Kind später die weiterführende Schule besucht, bringt es oft die alten Verhaltensmuster mit, die sich in neuen sozialen Umgebungen verstärken, da die neuen, sozialen Regeln noch nicht wirklich gefestigt sind. Häufig führt dies dazu, dass das Kind den sozialen Anforderungen der weiterführenden Schule nicht gewachsen ist, insbesondere wenn es an grundlegender sozialer und emotionaler Kompetenz fehlt. Denn in den Anfangsklassen der Gymnasien werden zu Beginn über dreißig Kinder sitzen. Dort besteht kaum die Möglichkeit auf individuelle Betreuung. Entweder hat ein Kind gelernt, seine eigenen Bedürfnisse während der Schulzeit der Gemeinschaft anzupassen oder nicht. Wenn nicht, ist es für diese Schulformen noch nicht reif. Früher kamen solche Kinder in Förderschulen; heute bleiben sie oft in der Regelschule und erhalten zusätzliche pädagogische Begleitung, falls der Bestand an zusätzlichen Lehrkräften es hergibt. Leider häufen sich diese Fälle immer mehr. Es geht so weit, dass die Eltern beim Schulamt vorstellig werden und sogar bei der jeweiligen Regierung des Bezirkes Klage dagegen erheben.

Sollte das Kind trotz allem einen Schulabschluss erlangen und in die Berufsausbildung gehen, treten meist neue Herausforderungen auf. Die Struktur eines geregelten Tagesablaufs und die Notwendigkeit, Anweisungen des Ausbilders zu folgen, sind erneut ungewohnt. Die Folge sind Widerstände in Form von Widerworten und Besserwissen, Unpünktlichkeit, Schwänzen der Berufsschule oder häufiges Fehlen bei der Arbeitsstelle, was oft zu einem vorzeitigen Ausbildungsabbruch führt. Viele Ausbildungsbetriebe reagieren, indem sie entweder weniger ausbilden oder nur eine hohe Anzahl von Auszubildenden einstellen, um die weniger belastbaren wieder entlassen zu können.

Auch im Studium zeigt sich dieser Mangel an sozialer und emotionaler Reife oft in einem erhöhten Anteil von Studienabbrüchen, da die Studierenden Schwierigkeiten haben, den Leistungsdruck zu bewältigen, indem sie dem Druck standhalten, sowie ihr Leben eigenständig zu strukturieren und eine Arbeit in vorbestimmter Zeit abzuliefern.

11.3 Die unterschwellige Gewalt

Jeder Mensch trägt, evolutionär bedingt, eine gewisse Neigung zur Gewalt in sich. Wenn wir angegriffen werden, verspüren wir den Drang, uns zu verteidigen – ein überlebensnotwendiges Relikt aus der Urzeit. Grundsätzlich ist jedoch niemand von Natur aus gewalttätig; diese Aggression tritt meist nur dann hervor, wenn es die Situation erfordert.

Es gibt jedoch auch Ausnahmen. Wissenschaftler sind sich noch uneinig darüber, ob ein „Gewalt-Gen" existiert, das die starke Neigung zur Gewalt bei manchen Menschen erklären könnte. Manche reagieren bereits bei kleinsten Anlässen aggressiv, was für andere schwer nachvollziehbar ist. Ob diese Tendenz genetisch bedingt, aufgestauter Frustration oder einer verzerrten Wahrnehmung der Betreffenden geschuldet ist, bleibt unklar.

Die unterschwellige Gewaltbereitschaft ist jedoch bei den meisten latent vorhanden und äußert sich nicht auffällig. Im Stillen kann sie jedoch wachsen und im Extremfall explosionsartig zum Vorschein kommen.

Im Gegensatz zu antiautoritären Erziehungsstilen gibt es auch stark autoritäre Erziehungsformen. Kinder aus solchen Elternhäusern fallen häufig durch ihr stark angepasstes Verhalten auf. Mit der Zeit wird jedoch deutlich, dass sie unter ständiger Angst leben. Sie versuchen immer, alles richtig zu machen, und reagieren bei Misserfolgen übermäßig niedergeschlagen. Diese Kinder stehen häufig unter erheblichem Druck seitens der Eltern, die bestimmte Vorstellungen über den beruflichen Lebensweg ihrer Kinder entwickelt haben, ohne deren individuellen Voraussetzungen und Interessen zu berücksichtigen. Es ist jedoch nicht möglich, jedes Kind zu einem bestimmten Schulabschluss oder in eine gewünschte Karriere zu drängen.

Trotzdem haben viele Eltern genaue Vorstellungen davon, wie sich ihr Kind entwickeln soll. Sie richten ihren Blick dabei nicht auf die genetischen Voraussetzungen, die sie möglicherweise selbst weitergegeben haben, sondern nur auf ihre eigenen Wünsche. Ein Grundschulkind möchte in erster Linie den Eltern gefallen, vor allem ehrgeizigen Eltern, die besonderen Wert auf die Meinung der Lehrkräfte legen. Diese gelten in den Augen solcher Eltern als ausschlaggebend für die schulische und berufliche Zukunft des Kindes. Lehrkräfte werden genau beobachtet und stehen unter Druck, da sie die Noten vergeben und die Zeugnisse schreiben.

So kontrollieren die Eltern akribisch den Schulalltag ihres Kindes. Sie achten darauf, ob die Lehrkräfte das Kind ausreichend beachten und seine Hausaufgaben würdigen, da sie

selbst oft viel Zeit in die Erledigung dieser Aufgaben inves-
tiert haben. Sie prüfen, ob das Kind einen günstigen Platz im
Klassenzimmer hat, an dem es ohne Ablenkung arbeiten
kann. Vor und nach dem Unterricht gehen manche Eltern
durch das Klassenzimmer, sprechen mit anderen Eltern, stellen den Lehrkräften fortwährend Fragen oder beobachten sie
schweigend mit kritischen Blicken. Viele dieser Eltern sind
nur schwer dazu zu bringen, das Klassenzimmer zu verlassen,
sodass der Unterricht pünktlich beginnen kann.

11.4 Die Folgen von zu vielen Erwartungen und Unsicherheiten seitens der Eltern

Dieses Verhalten zeigt dem Kind die Unruhe und Unsicherheit der Eltern. Es fühlt sich ständig beobachtet und wird
durch die Unsicherheit der Eltern selbst verunsichert. Ein solches Kind versteht gar nicht mehr, was geschieht. Es möchte
doch eigentlich nur die Liebe von Mutter und Vater und die
Wertschätzung der Lehrkräfte – nicht mehr und nicht weniger.

Um den hohen Erwartungen der Eltern gerecht zu werden,
bräuchte das Kind jedoch ein tiefes Gefühl der Sicherheit, das
ihm vermittelt: „So wie ich bin, bin ich gut." Nur dann könnte
es sich den Anforderungen der Eltern stellen, um die Liebe
der Mutter und den Stolz des Vaters zu gewinnen. Ein Kind
spürt bald, was es tun muss, um diese Zuneigung zu sichern.
Die Eltern senden dabei unmissverständliche Signale: Ein Lä-
cheln bei einer guten Leistung, ein besorgtes Gesicht bei einer
„enttäuschenden" Leistung – all das setzt Maßstäbe für das
seelische Gleichgewicht des Kindes.

Wenn Eltern jedoch Unsicherheit zeigen, jede Aussage des
Kindes hinterfragen und alle Äußerungen der Lehrkraft sofort
überprüfen, wird das seelische Gleichgewicht des Kindes

gestört. Es bemerkt auch, wie die Eltern es mit anderen Kindern und deren Leistungen vergleichen, indem sie Informationen erfragen und bestimmte Antworten hören wollen. Kinder entwickeln dafür sehr feine Antennen. Um die Liebe der Eltern nicht zu verlieren, spielt das Kind dieses Spiel mit – immer in der Hoffnung, dass die Eltern es so lieben wie vor Beginn der Schule.

Doch irgendwann kann das Kind nicht mehr. Es muss jeden Tag zusätzlich lernen, es muss etwas schreiben, es muss lesen und weitere Rechenaufgaben erledigen, und das neben den Hausaufgaben. Spezielle Lernmaterialien werden angeschafft, und wenn das nicht ausreicht, bekommt das Kind womöglich noch Nachhilfe. Freizeit gibt es kaum noch, und wenn doch, dann ist sie von den Eltern vorgeplant. Die Bedürfnisse und Möglichkeiten des Kindes werden dabei kaum berücksichtigt – es zählt nur die Vorstellung der Eltern.

Steht eine Lernzielkontrolle an, gerät das Kind in Panik. Seine von den Eltern antrainierte Unsicherheit bricht hervor. Es kann einfache Arbeitsanweisungen nicht mehr verstehen und bearbeitet Aufgaben unvollständig oder chaotisch, macht Flüchtigkeitsfehler und gerät unter Zeitdruck. Die Note fällt entsprechend aus – und natürlich, so meinen die Eltern, ist die Lehrkraft schuld. Es habe an zu wenig Zeit, unklaren Erklärungen oder einem schlechten Platz gelegen.

Die Eltern zeigen ihre Frustration offen – vor dem Kind, der Lehrkraft und den anderen Eltern. Für das Kind hat die elterliche Frustration spürbare Folgen. Wenn die Eltern unzufrieden sind, scheint es, als sei auch ihre Liebe bedroht. Doch genau diese Liebe, unabhängig von den Leistungen des Kindes, ist essenziell für dessen seelische Entwicklung – das Wichtigste, was ein Kind neben Nahrung und Kleidung von den Eltern bedarf. Ein Kind braucht die bedingungslose Zuwendung und Wertschätzung der Eltern, um ein gesundes

Selbstbewusstsein zu entwickeln. Dabei geht es um die Anerkennung der Anstrengung, nicht nur der Leistung. Denn sicher hat sich das Kind bemüht – jedes Kind möchte das Lob der Eltern. Jedes Kind gibt sein Bestes. Doch Lob gibt es nur bei guten Noten. Die Anerkennung der Mühe bleibt aus; es zählt nur das Ergebnis. Das Kind merkt, dass es ohne die „richtige" Note nichts wert ist in den Augen der Eltern. So kann kein gesundes Selbstwertgefühl wachsen.

Die Folge? Das Kind bemüht sich, den Erwartungen der Eltern zu genügen, und arbeitet härter als alle anderen. Doch wenn der Erfolg ausbleibt und der Druck steigt, wird das Gefühl der Überforderung irgendwann übermächtig. Das Kind erkennt, dass es die Erwartungen der Eltern schlicht nicht erfüllen kann, wie sehr es sich auch anstrengt. Das Selbstwertgefühl sinkt auf den Tiefpunkt.

Die Reaktionen darauf sind unterschiedlich: Einige Kinder werden wütend und fragen sich, warum andere Kinder es schaffen, nur sie selbst nicht. Sie sehen nicht, dass die Eltern ihrer Mitschüler diese nicht unter Druck setzen – sie sehen nur ihr eigenes „Versagen" in den Augen und den Äußerungen ihrer Eltern, die bei manchen Eltern sehr verletzend sein können. Dann kommt auch noch die seelische Verletzung zum Minderwertigkeitsgefühl hinzu.

Diese Frustration kann sich als Wut äußern, die mit emotionalen Ausbrüchen einhergeht. Autoritäre Eltern ahnden solche Ausbrüche jedoch häufig mit Strafen, was dem Kind erneut Angst einflößt.

Andere Kinder ziehen sich zurück, werden still und trauen sich kaum noch etwas zu. Sie haben Angst, im Unterricht aufzufallen, und meiden es, Fragen zu stellen oder eigene Gedanken zu äußern. Wieder andere Kinder entwickeln übermäßige Unsicherheit, stellen ständig Fragen und versuchen, jede Unsicherheit sofort zu klären. Beide Gruppen beginnen häufig, bei Mitschülern abzugucken, da sie deren Leistung für überlegen halten.

Ein solches Leben, geprägt von ständigem Druck und Versagensangst, hinterlässt Spuren. Magenprobleme oder nächtliches Einnässen können Anzeichen sein. Die Angst vor der Schule und vor erneutem Versagen nimmt zu.

Solche Kinder wachsen auf mit ständigen Vorwürfen, Vergleichen mit anderen – oder gar besseren – Geschwistern und den unbedingten Zielvorgaben der Eltern. Alternativen sind ausgeschlossen. Gegen die Empfehlung der Lehrkräfte werden sie in anspruchsvollere Schulformen gedrängt, was ihren Frust weiter steigert.

Mit der Zeit wird aus diesen Kindern ein brodelnder Vulkan. Außen merkt man lange nichts, doch innerlich staut sich der Druck auf. Sie möchten der Dauerbelastung, der Versagensangst und den Minderwertigkeitsgefühlen entfliehen, wissen aber nicht wie. Sie sind auf ihre Eltern angewiesen, ihre einzigen Bezugspersonen. Manche versuchen, ihren Frust in Videospielen zu kompensieren, wo sie Erfolgserlebnisse haben. Doch auch das bringt neue Konflikte: „Du musst mehr lernen! Hast du die Hausaufgaben schon? Spiel nicht so lange!" Ein Teufelskreis entsteht. Je mehr Druck die Eltern ausüben, desto verzweifelter sucht das Kind einen Ausgleich. Doch irgendwann reicht selbst das Videospiel nicht mehr. Die Wut wird zu groß, die unterdrückten Gefühle drängen nach außen. Das Kind beginnt, mit den Fäusten zu kämpfen, oder plant eine umfassende „Befreiung". Die Wut richtet sich gegen das ganze System Schule.

In dieser Wut wird jeder Bestandteil des Systems zum Feind. Der Direktor als „Chef", die Lehrkraft als „Vollstrecker", die Mitschüler als „Mitläufer" und Vergleichsmaßstab für das eigene „Versagen". Sie alle tragen – so empfindet das Kind – Schuld an seinem Leid.

Und die Gesellschaft fragt sich bestürzt, wie es zu einem solchen, alles vernichtenden Ausbruch kommen konnte. Man nennt es einen Amoklauf. Dabei war das doch immer so ein lieber Junge, so ein liebes Mädchen.

12. Fazit

Und so schließt sich der Kreis.

Begonnen habe ich mit dem fehlenden Respekt der Eltern gegenüber den Lehrkräften – ihrem Beruf, ihrer Funktion und ihren erlernten sowie erworbenen Fähigkeiten. Wenn ein Laie das Wissen eines Fachmanns und oft auch ihn als Mensch infrage stellt und sich dabei noch Unterstützer innerhalb des Systems sucht, beginnt das ganze Bauwerk – in diesem Fall das Schulsystem – zu bröckeln. Denn diese „Handlanger" tragen dazu bei, das Fundament des Systems zu schwächen und ihm den Boden zu entziehen. Leider scheint diese Botschaft in den oberen Etagen noch nicht angekommen zu sein. Im Gegenteil, immer häufiger wird versucht, es den Eltern in jeder Hinsicht recht zu machen. Meiner Ansicht nach ist das jedoch der falsche Weg. Je mehr man sich nach Unkundigen richtet, desto dilettantischer wird alles. Umso mehr erweckt man in ihnen den Eindruck, sie hätten fundierte Kenntnisse über einen Beruf, der ein langjähriges Studium, ein zusätzliches Referendariat sowie umfassende Praxis und Erfahrung im Umgang mit Kindern voraussetzt. Dass jemand selbst einmal die Schulbank gedrückt hat, macht ihn noch lange nicht zum Experten in Sachen Schulbildung.

Was sind die Folgen? Hauptschulen wurden abgeschafft und in Sekundarschulen umgewandelt. Alle Kinder sollen nach Möglichkeit aufs Gymnasium, mindestens aber auf die Realschule. Die Gesamtschulen, als Hintertür für leistungsschwächere Schüler gedacht, sind überfüllt. Kaum jemand möchte mehr eine Ausbildung machen, und die deutsche Wirtschaft sucht händeringend nach Nachwuchskräften. Zu viele streben ein Studium an.

Es ist nachvollziehbar, dass Eltern das Beste für ihre Kinder wollen. Doch ist es wirklich das Beste, ein handwerklich begabtes Kind auf eine akademische Laufbahn zu drängen? Das

Unglück nimmt seinen Lauf – vielleicht nicht in Form eines Amoklaufs, aber doch in einem ständigen Unbehagen in einem ungeliebten Beruf.

Viele Eltern wünschen sich für ihr Kind einen Beruf mit Prestige, einen, der in ihren Augen bei anderen Anerkennung bringt. Das Kind strengt sich an, setzt seine gesamte Energie ein, um diesen Erwartungen gerecht zu werden. Doch irgendwann merkt es, dass es diesen Anforderungen nicht gewachsen ist. Es fühlt sich ohnmächtig, erschöpft und ausgelaugt, hat keine Chance, Selbstvertrauen aufzubauen, und fühlt sich minderwertig. Selbst nach dem mühsamen Schulabschluss ist die Frage, ob es sich dann in der Welt behaupten kann. Ganz sicher nicht. Das Leben endet nicht mit der Schule; es beginnt erst danach.

Indem fordernde Eltern das Fundament der Schule untergraben, entziehen sie auch ihrem eigenen Kind die Möglichkeit, ein stabiles Fundament zu entwickeln. Das Kind befindet sich im freien Fall und weiß oft gar nicht, was es werden möchte. Wird es gefragt, lautet die Antwort oft: „Mama und Papa meinen, ich soll dies oder das machen." Der Beruf wird durch die Eltern vorbestimmt. Das Kind erhält kaum die Chance, in sich hineinzuhorchen und seine eigenen Fähigkeiten und Interessen zu entdecken. Auf der Suche nach Anerkennung wählt es den Beruf, den die Eltern wünschen. Doch es fühlt sich – welch ein Wunder – im besten Fall nicht erfüllt und im schlimmsten Fall völlig überfordert. Es lehnt die Tätigkeit womöglich ab, weil sie nicht zu seinem Wesen passt. Es kann den Anforderungen nicht gerecht werden, eckt an, erhält schlechte Bewertungen und ist irgendwann absolut überfordert und frustriert, unglücklich und traurig. Es weiß nicht mehr, was es tun soll, und sucht nach einem Ausweg oder Hilfsmitteln wie Alkohol. Die Folgen können sein: Alkoholsucht, Spielsucht, Medikamentenabhängigkeit, Bulimie, Magersucht, Depressionen und mehr.

Diese Fluchtmöglichkeiten scheinen dem Kind zunächst die Situation zu entschärfen und kontrollierbar zu machen. Sollte es sich trauen, mit den Eltern darüber zu sprechen, stoßen diese oft auf Unverständnis: „Das Kind hat doch eine gute Arbeit! Wir verstehen gar nicht, was mit ihm los ist. Wir haben doch alles getan …!" – außer auf das Kind selbst zu hören. Doch was geschieht, wenn ein Kind eine Schule besuchen darf, die seinen Voraussetzungen entspricht? Es fühlt sich nicht überfordert, kommt gut mit, hat Freude am Lernen und bekommt gute Noten. Das Selbstvertrauen wächst, und das Kind fühlt sich gut, weil es bei sich selbst bleiben darf.

Es entwickelt eigene Ideen für einen späteren Beruf. Die Eltern beraten es und reden ihm nichts aus. Diese Ideen dürfen sich auch verändern, wenn sich zum Beispiel nach Beginn der Ausbildung herausstellt, dass eine andere Richtung besser passt. Und auch das wird von den Eltern unterstützt, denn ihnen ist das Glück des Kindes wichtig. Es darf seine eigenen Erfahrungen sammeln, die als solche gewertet und nicht als Versagen angesehen werden. Jede Erfahrung wird als Schritt in die Zukunft verstanden – in die Zukunft eines zufriedenen Kindes, eines Jugendlichen und schließlich eines Erwachsenen, der den Anforderungen des Lebens gewachsen ist und ein eigenes, selbstbestimmtes Leben führt.

Ein Sprichwort sagt: „**Nur was du mit ganzem Herzen tust, dabei brauchst du keine Helfer.**" Liebe Eltern, bitte schaut in das Herz eurer Kinder.